AF308705

ALFRED NEYMARCK

LA
RENTE 3 % AMORTISSABLE

SON PASSÉ — SON PRÉSENT — SON AVENIR

Prix : **2 fr. 50**

PARIS
LIBRAIRIE GUILLAUMIN & Cⁱᵉ

Éditeurs du Journal des Économistes,
du Dictionnaire universel du Commerce et de la Navigation,
du Dictionnaire de l'Économie politique, etc.

RUE RICHELIEU, 14

1883

DU MÊME AUTEUR

Aperçus financiers, Tome Ier, 1868-1872, 1 vol. grand in-8°. Paris, Dentu, éditeur.

Aperçus financiers, Tome II, 1872-1873, 1 vol. grand in-8°. Paris, Dentu, éditeur.

La Rente française, ses origines, ses développements, ses avantages. In-8°. Paris, Dentu, éditeur, 1873.

De la nécessité d'un Conseil supérieur des finances. In-8° Paris, Dentu, éditeur, 1874.

Les Milliards de la guerre. In-8°. Paris, Dentu, éditeur, 1874.

La Question monétaire. In-8°, 1875.

La Conversion de la Rente 5 %. In-8°. Paris, Dentu, éditeur, 1876.

Colbert et son Temps. 2 vol. grand in-8° Paris, Dentu, éditeur, 1877.

Les grands Travaux publics. In-8°. Paris, Guillaumin et Cie, éditeurs, 1878.

Les Contribuables et la Conversion de la Rente. Grand in-8°. Paris, Guillaumin et Cie, éditeurs, 1878.

La nouvelle Loi sur les Patentes et les affaires de finance. In-8° Paris, 1880.

Les Chemins de fer devant le Parlement. Grand in-8°. Paris, Guillaumin et Cie, éditeurs, 1880.

Les Sociétés anonymes par actions. Quelques réformes pratiques. Grand in-8°. Paris, Guillaumin et Cie, éditeurs, 1882.

LA RENTE 3 % AMORTISSABLE

SON PASSÉ — SON PRÉSENT — SON AVENIR

ALFRED NEYMARCK

LA
RENTE 3 % AMORTISSABLE

SON PASSÉ — SON PRÉSENT — SON AVENIR

Prix : **2** fr. **50**

PARIS

LIBRAIRIE GUILLAUMIN & Cie

Éditeurs du Journal des Économistes,
du Dictionnaire universel du Commerce et de la Navigation,
du Dictionnaire de l'Économie politique, etc.

RUE RICHELIEU, 14

1883

LA RENTE 3 % AMORTISSABLE

TABLE DES MATIÈRES

PREMIÈRE PARTIE

LE PASSÉ DE LA RENTE AMORTISSABLE.

CHAPITRE PREMIER.

Les Origines de la Rente 3 0/0 amortissable

CHAPITRE II.

Le plan Freycinet.

CHAPITRE III.

La création et les émissions successives du 3 0/0 amortissable.

DEUXIÈME PARTIE

LE PRÉSENT DE LA RENTE AMORTISSABLE

TROISIÈME PARTIE

L'AVENIR DE LA RENTE AMORTISSABLE.

CHAPITRE PREMIER.

Les séductions et les illusions de l'amortissement.

CHAPITRE II.

L'État Banquier.

CHAPITRE III.

Comment populariser la Rente amortissable.

CHAPITRE IV.

Le placement de la Rente amortissable. — La Conversion du 5 0/0. — Conclusion.

LA RENTE 3 % AMORTISSABLE

SON PASSÉ — SON PRÉSENT — SON AVENIR

PREMIÈRE PARTIE

CHAPITRE Ier.

Les origines de la Rente 3 0/0 amortissable.

Les longues discussions budgétaires qui viennent [d'avoir lieu devant le Parlement à l'occasion du budget ordinaire et extraordinaire de 1883, ont ravivé la question si importante des travaux publics entrepris par l'Etat, du rachat des petites compagnies de chemins de fer, de l'exécution du plan Freyci-net, et enfin, de la création et des émissions successives de la rente 3 0/0 amortissable.

Cette dernière rente, dont la création remonte à l'année 1878, est-elle appelée à devenir le pivot de toutes les combi-naisons financières futures du gouvernement? Est-elle appelée, au contraire, à disparaître de notre organisme financier? Quel est son passé? Pourquoi a-t-elle été créée? Quelle faveur et quelle défaveur aussi, quels éloges et quels critiques

Les récentes discussions et la rente amortissable.

a-t-elle soulevés dès ses débuts ? Comment le public et le monde financier l'apprécient-ils aujourd'hui ? Quel avenir lui est réservé ? Telles sont les questions, rapidement résumées, que nous nous proposons d'examiner dans ce travail.

Les annuités terminables. Les origines de la rente amortissable nous les trouvons tout d'abord dans l'adaptation qu'on a voulu faire en France d'un système financier depuis longtemps en usage en Angleterre et connu sous le nom de: *Annuités Terminables.*

On désigne ainsi des titres qui donnent lieu au paiement d'un revenu annuel pendant une fort longue période à la fin de laquelle l'Etat qui les a émis ne doit plus ni intérêt ni capital; les titres se trouvent ainsi éteints et l'emprunt qu'ils représentaient, remboursé, amorti. En un mot, l'*annuité terminable* est une obligation à long terme dont l'amortissement est annuel et compris avec l'intérêt dans le revenu distribué. (1)

On saisit immédiatement en quoi l'*annuité terminable* diffère de l'*obligation amortissable*, mais on voit aussi que le principe en est le même et que l'un et l'autre titre satisfont, dans une mesure différente il est vrai, à la pratique de l'*amortissement continu.*

Système financier anglais préconisé en France. Dès le lendemain de la guerre, on préconisa chez nous le système anglais. Quand il s'agit de trouver les cinq milliards de l'indemnité de guerre, quand on vit qu'à ces cinq milliards,

---

(1) Ce système des *Annuités terminables*, dit M. Leroy-Beaulieu, n'a jamais été employé isolément : il était une annexe d'emprunts conclus en rentes perpétuelles : On remettait au souscripteur, d'abord un titre d'emprunt en rentes perpétuelles, et ensuite comme accessoire une annuité terminable, c'est-à-dire expirant d'elle-même, sans que le capital correspondant ait jamais été remboursé, au bout de 60, 80, 99 ans.

La première création de ces longues annuités fut faite en 1695 : mais, jusque dans ces dernières années il fut émis de ces annuités à long terme, comme avantage collatéral à des emprunts en consolidés ou rentes perpétuelles. (Paul Leroy-Beaulieu, *Traité de la Science des Finances*, T. II, p. 220).

il s'en ajouterait encore cinq autres pour payer les frais de la guerre; on se demanda si cette augmentation perpétuelle de la dette ne conduirait pas notre pays, tôt ou tard, à une catastrophe. Et comme un pays ne s'arrête ni dans ses besoins, ni dans ses dépenses, comme de nouveaux emprunts pouvaient avoir lieu une fois les frais de la guerre payés, on se demandait si le système anglais n'était pas le meilleur, si nous ne ferions pas bien de l'adopter ou de l'imiter le jour où la nécessité de faire appel au crédit public s'imposerait de nouveau.

Cette nécessité ne devait pas tarder à apparaître. Dès 1875, plusieurs compagnies secondaires de chemins de fer se trouvaient embarrassées. La question des chemins de fer commençait à préoccuper les pouvoirs publics. Ces lignes feraient-elles retour aux grandes compagnies ? Recevraient-elles une garantie d'intérêts du Trésor? Ou bien, au contraire, seraient-elles rachetées par l'Etat qui constituerait un réseau spécial ? En 1875, 1876, et pendant les premiers mois de l'année 1877, ces questions donnèrent lieu à de vives et nombreuses discussions, dans le pays, dans la presse, au sein du Parlement.

D'autre part, le gouvernement projetait d'effectuer de grands travaux publics. Après la période de lutte politique du 16 mai, lorsqu'au mois de décembre 1877, M. le maréchal de Mac-Mahon eut choisi son ministère parmi les membres des divers groupes de la gauche, on annonça de toutes parts qu'un essor énergique allait être imprimé aux grands travaux destinés sinon à compléter, du moins à développer notre outillage économique.

Enfin, dans l'œuvre si intéressante du rétablissement du crédit et des finances de la France, telle qu'elle s'était exécutée depuis 1872, un compte avait joué un rôle considérable : c'était le compte de liquidation. En réalité, ce compte ne « *liquidait* » rien. C'était un véritable budget extraordinaire qui servait à solder les dépenses résultant de la guerre et de l'invasion et non couvertes, comme celle de l'énorme indemnité de 5 milliards payée à l'Allemagne, par des emprunts à destination spéciale. Si les budgets annuels, alimentés par les impôts, servaient à payer les intérêts de la dette, à rembourser les avances faites par la Banque, entretenir les divers services budgétaires, le compte de liquidation payait les frais de l'occupation, pourvoyait à la reconstitution de notre matériel de guerre, etc., etc. On estimait, en ouvrant ce compte, qu'il aurait à recevoir jusqu'à sa clôture finale une dotation de plus de 1,500 millions, exactement 1,515,460,027 fr., dont 1 milliard 416,195,143 fr. pour le service de la guerre et le reste pour celui de la marine.

Ce compte avait été divisé en deux parties : l'une, s'élevait à environ 1 milliard et renfermait les ressources formées par une émission de bons du Trésor à long terme, d'obligations à court terme, dont l'amortissement reposait sur la continuation de la dotation de 150 millions affectée d'abord au remboursement des prêts de la Banque de France. L'autre partie devait donc rentrer et est rentrée effectivement dans le cadre de nos budgets, à la section des dépenses sur ressources extraordinaires.

Ainsi, dépenses nécessitées par le rachat des petites compagnies de chemins de fer ; dépenses nécessitées par les grands travaux publics, que le gouvernement voulait entreprendre ; dépenses nécessitées par l'ouverture d'un second compte de liquidation, sous un autre chapitre : telles étaient les raisons qui, dès la fin de 1877, faisaient prévoir l'éventualité de nouveaux appels au crédit public.

Et cependant, dès le mois de janvier de cette même année 1877, M. Léon Say, en déposant le projet de budget de 1878, faisait appel à la prudence, à la modération des députés, dans les dépenses que l'on projetait de faire ; il rappelait les charges qui, pendant de longues années encore devaient peser sur le trésor public.

M. Léon Say et le budget de 1878.

Voici notamment dans quels termes s'exprimait M. Léon Say :

« Un tableau des engagements du Trésor en dehors de la « dette consolidée a été distribué aux Chambres. Ce tableau « indique toutes les échéances auxquelles le Trésor est tenu « de faire face pendant une longue série d'années. Si on l'o- « blige encore en créant des charges nouvelles, si on augmente « le montant des échéances, on retardera, on pourra même « rendre impossible la diminution des impôts.

Les engagements du Trésor public.

« C'est à ce point de vue que l'état des engagements du « Trésor ne saurait être trop médité par tous ceux qui tien- « nent à ne pas compromettre la prospérité actuelle de nos « finances. Nous avons le droit d'être fiers de cette prospérité, « *mais elle ne doit pas nous éblouir* au point de nous faire ou- « blier les efforts soutenus qui sont nécessaires pour la main- « tenir ».

Malgré ces sages avis, les vœux de la majorité devaient se réaliser. Les membres du Parlement savaient, du reste, que, si leurs projets étaient mis à exécution, les rentes qui seraient créées pour solder les dépenses seraient *amortissables* dans une période déterminée. Et, dès lors, quoi de plus séduisant ? Plus d'emprunts perpétuels; plus de charges pesant sur les généra- tions futures. Les sommes dépensées pour les travaux publics, pour la reconstitution de notre matériel de guerre, n'accable- raient pas éternellement nos enfants, nos arrière-petits en-

Dépenses amortissables.

fants. A l'expiration de l'amortissement inscrit sur les titres mêmes qui seraient émis, la dette contractée serait éteinte et remboursée.

Ce n'est pas tout. La conversion de la rente 5 0/0 agitée déjà en 1874, 1875, 1876, ne pouvait-elle pas, elle aussi, être effectuée avec ce nouveau type de rente dont M. Léon Say avait laissé entrevoir les avantages ? Quel beau rêve si les 25 milliards de la dette publique pouvaient être un jour remboursés par le jeu annuel de l'amortissement !

Sachant à l'avance que les capitaux empruntés ne seraient plus perpétuellement dus par le pays, qu'un terme serait fixé par leur amortissement, les pouvoirs publics étaient convaincus qu'ils innovaient un système financier préférable à ceux des précédents gouvernements ; mais sous le séduisant prétexte de rembourser sûrement à époque fixe ce qu'on empruntait, on allait largement dépenser, bien moins regarder aux dépenses que si on s'était dit, en les votant, qu'elles pèseraient perpétuellement sur le pays.

CHAPITRE II.

Le plan Freycinet.

C'est au moment où l'on se berçait de ces idées optimistes, qu'apparut le plan Freycinet.

On était au mois de Décembre 1877. Dans deux rapports fort amples, M. de Freycinet avait exposé au Maréchal-Président l'ensemble de ses vues sur le régime de nos chemins de fer et de nos voies navigables.

Il estimait qu'une dépense de 4 milliards serait nécessaire pour la mise en état de notre outillage de transport, soit par terre, soit par eau. D'après lui, ces 4 milliards n'étaient pas « *au-dessous des richesses de la France* » On sait aujourd'hui combien ce devis primitif s'est élevé. Les récentes discussions budgétaires nous ont appris que, si le gouvernement voulait exécuter tous les travaux projetés, ce devis déjà si lourd dépasserait 9 milliards.

Quand M. de Freycinet exposa au Président de la République et aux deux Chambres ses plans gigantesques, l'opinion publique, il faut bien le reconnaître, les accueillit avec plus d'incrédulité que d'enthousiasme. Ce chiffre de 4 milliards paraissait, dès cette époque, exagéré, non pas que l'on doutât le moins du monde des forces financières de la France; mais on se demandait s'il était réellement utile et possible d'exécuter autant de travaux à la fois.

Le Ministre des Finances était alors M. Léon Say. Que pensait-il de l'exécution du programme de M. de Freycinet ? Dans quelle mesure a-t-il encouragé cette œuvre ? Il n'est pas sans intérêt de rappeler maintenant les conseils de sagesse et de prudence qu'il donnait aux Chambres quelques

mois à peine avant l'exposition du programme de M. de Freycinet.

Le 18 Mars 1877, répondant à M. Le Cesne qui venait soutenir à la tribune la nécessité d'effectuer de grands travaux publics, M. Léon Say s'exprimait ainsi :

Ce qu'il disait à
la Chambre.

« Je demande à l'honorable M. Le Cesne de ne pas croire
« *que nous pouvons perdre des milliards, sauf à les retrouver*
« *dans une augmentation de production et de richesse.*

« Je reconnais avec lui que notre outillage des chemins de
« fer n'est pas assez développé, et qu'il faut chercher, par tous
« les moyens acceptables, à le développer. Cependant, s'il est
« partisan de cette doctrine qu'il n'y a pas de dépenses trop
« élevées pourvu qu'elles soient utiles, ne voit-il pas tous les
« jours que nous refusons des dépenses même utiles, parce
« que nous ne pouvons y faire face? *L'utilité de la dépense*
« *n'est pas la justification de la dépense ; il faut encore y ajou-*
« *ter la nécessité.* » . . . .

Les questions des
voies et moyens.

En effet, écrivons-nous nous-même à cette époque (1) dans
un travail spécial (p. 10 à 12), il ne suffit pas de construire
des chemins de fer qui ne rapporteraient rien, ni de creuser
des canaux qui rapporteraient encore moins. En ce qui concerne ces derniers, si nous consultons le budget de 1878, nous
voyons que pour certains d'entre eux, les frais d'entretien sont
supérieurs aux produits qu'ils donnent. On est donc en droit
de demander à un Ministre qui propose d'effectuer 4 milliards
de travaux, quelle est la nature et la catégorie de ces travaux,
s'ils doivent être productifs ou improductifs, s'ils doivent profiter aux particuliers et à l'Etat, et comment ces profits peuvent être évalués? Sur ce point, les rapports de M. de Freyci-

---

(1) *Les grands Travaux publics. Les projets du Ministre des Travaux publics et
du Ministre des Finances.* — In-8°. Guillaumin et Cⁱᵉ éditeurs.

net sont muets ; il n'est pas plus explicite sur les voies et moyens à employer pour l'exécution de ces projets au point de vue financier.

Il importe cependant d'insister sur cette question des voies et moyens. Dans la gestion des affaires d'un pays, tout s'enchaîne, aussi bien en politique qu'en finances ; aussi bien en finances que dans l'exécution des grandes réformes commerciales et industrielles. Un Gouvernement peut avoir d'excellentes intentions ; il peut désirer de grands travaux utiles ; il peut s'efforcer de faire beaucoup pour le développement de l'instruction. Mais que peut-il, si sa situation financière ne le permet pas, si le Ministre des Finances chargé, en définitive, de l'emploi des ressources du pays ne peut disposer des capitaux qui seraient nécessaires pour exécuter les réformes que ses collègues veulent réaliser ?

Eh bien, M. Léon Say, Ministre des Finances, M. de Freycinet, Ministre des Travaux publics, étaient-ils d'accord sur cette importante question des voies et moyens ? Nous ne pouvions le croire, même alors. N'est-ce pas, en effet, M. Léon Say, qui, dans cette discussion du 17 mars 1877 que nous rappellions plus haut, disait encore : « Si vous voulez, « purement et simplement, considérer tout ce qu'il est possible de faire, si vous voulez faire le compte de tous les « chemins de fer qui peuvent être utiles, des ports qui doivent « être agrandis, des routes nationales qui doivent être achevées, des chemins vicinaux qui doivent être complétés, si « vous voulez faire le compte de tout ce qu'il serait bon de « faire, mais ce compte serait infini, *et je serais très étonné* « *qu'on pût le limiter à 4 milliards de francs. Il nous est impos-* « *sible de faire tout ce qui serait utile, et par conséquent il* « *ne faut pas songer à mettre à la disposition, pour ainsi*

Le ministère des finances et le ministère des travaux publics sont-ils d'accord ?

« *dire, de la nation des capitaux illimités, que d'ailleurs vous*
« *n'avez pas.* »

II

Le rachat des petites compagnies est décidé.

Les Chambres étaient possédées de l'idée de « faire grand. »
Le rachat des petites Compagnies, l'accomplissement des travaux Freycinet étaient bien arrêtés dans l'esprit de la majorité. Dès le commencement de l'année 1878, quelques semaines après le dépôt du rapport de M. le Ministre des Travaux publics, on annonçait que le Ministre des Finances allait déposer très prochainement à la Chambre des Députés un projet ayant pour objet de pourvoir au rachat par l'Etat des lignes du réseau secondaire précédemment désignées dans le projet déjà présenté par M. de Freycinet.

L'étendue des lignes à racheter mesurait environ 2,615 kilomètres.

Dépenses primitivement prévues pour cette opération.

La dépense nécessitée par cette opération s'élèverait à 500 millions, dont 166 millions seraient consacrés à des travaux complémentaires et à des achats de matériel.

Ces 166 millions seraient répartis sur quatre années. Les 334 autres millions formaient le prix du rachat des lignes, d'après l'évaluation de la Commission arbitrale ; ils devaient être payés en trois ans.

On disait alors (1) que M. Léon Say proposerait de réaliser les ressources nécessaires pour faire face à cette dépense au moyen d'une émission de rente 3 0/0 amortissable, dont les titres représentant des coupures de 500 fr., montant nominal, rapporteraient 15 fr. d'intérêt annuel. Ces titres se substi-

Comment on trouverait les sommes nécessaires.

tueraient aux obligations 6 0/0 d'émission récente pour tra-

____
(1) Voir *le Rentier* du 7 février 1878.

vaux publics et s'appliqueraient à l'ensemble des opérations auxquelles donneraient lieu les chemins de fer à racheter.

La dépense nouvelle de 500 millions, ainsi couverte, devait seulement entrainer pour le budget une aggravation de 25 millions. Pour pourvoir à cette charge annuelle on aurait recours : 1° à l'augmentation des avances sans intérêt que la Banque de France était disposée à consentir ; 2° plus tard, après épuisement de cette ressource, à un court ajournement de l'amortissement du compte de liquidation auquel on enlèverait partie des crédits qui lui étaient affectés.

Ces prévisions se réalisèrent bientôt. La discussion sur le rachat des chemins de fer fut portée devant les Chambres dans les premiers jours de mars 1878. La discussion du projet de loi ayant pour objet le rachat d'un certain nombre de lignes secondaires prit, dès le début, tout le développement qu'elle devait avoir. Ce ne fut pas seulement le principe du rachat qui fut mis en cause, c'est la vaste question des chemins de fer et des travaux publics qui fut posée.

Ce fut M. René Brice qui ouvrit ce grand débat et démontra le premier que la discussion ne pouvait être limitée à une ou à quelques parties seulement de la question et qu'elle devrait les embrasser toutes, tant leur connexité était étroite. Il rappela quelle signification la Chambre précédente avait voulu attacher au renvoi de l'amendement de M. Allain-Targé à la commission : ce vote avait pour principal objet d'inviter le Gouvernement à engager de nouvelles négociations avec la Compagnie d'Orléans et à s'efforcer d'en obtenir des conditions plus favorables. Le rachat ne devait s'effectuer qu'en vue d'une rétrocession à la Compagnie d'Orléans. Il montra enfin la grande différence qui existait entre le projet de 1876 et celui de 1878 ; celui-ci constituait une dette et l'argent que l'on devait payer sortirait définitivement du Trésor ; tandis que l'argent qui eût été payé en vertu de la convention de 1876 ne constituait qu'un prêt remboursable et devait, dans un laps de temps plus ou moins long, revenir sûrement à l'Etat. Il insista particulièrement sur la nécessité de ne préjuger en rien le systême définitif de nos chemins de fer et de laisser une porte largement ouverte aux transactions qui pourraient intervenir.

M. Ganivet.

Dans un très-substantiel discours, M. Ganivet s'attacha à faire ressortir la part de responsabilité qui incombait au Gouvernement dans la situation des Compagnies secondaires et dans celle qui était faite aux porteurs de titres de ces Compagnies. L'orateur s'associant aux réserves de M. Brice, concluait en demandant qu'on fût promptement éclairé sur la manière dont le Ministre entendait tirer parti des lignes à racheter.

M. Keller.

M. Keller considérait le projet en discussion comme une partie du plan général de grands travaux publics dressé par le Ministre. Il montra combien nos charges annuelles en devaient être accrues, dans quelle mesure on engageait l'avenir de nos finances, quelles aggravations on se disposait à léguer aux budgets futurs par l'abus du système des annuités.

Nous n'amortissons pas, — disait-il, — *nous empruntons.* Et il demandait que les voies et moyens de l'exécution des grands travaux publics fussent des voies et moyens ordinaires prélevés sur les budgets ordinaires. Il montra enfin que la question des tarifs ne saurait être sommairement examinée et légèrement résolue. Il réclama donc un examen plus approfondi du projet en discussion et de ceux qui s'y rattachaient, par une commission spéciale, et exprima l'espoir que, dans cet intervalle, le

Gouvernement pût poursuivre utilement auprès de la Compagnie d'Orléans de nouvelles négociations.

Dans sa réponse qu'il est bien intéressant de relire aujourd'hui, le Ministre des Finances se maintint constamment sur le terrain purement financier. Il ne se laissa pas entraîner à donner une appréciation des projets de M. de Freycinet. Il reconnut, avec une entière sincérité, qu'il était impossible de pourvoir à la fois à l'exécution des grands travaux annoncés, à l'amortissement rapide du compte de liquidation et à l'allégement des impôts. « *Il est évident*, a-t-il dit, *que si vous employez des sommes considérables à payer des intérêts d'emprunts, vous ne pouvez pas, en même temps, avec ces mêmes sommes, opérer des dégrèvements au profit du consommateur et du producteur.* » Laissant à la Chambre la responsabilité de sa décision, il se borna donc à déclarer que si le rachat était voté, l'Etat aurait les ressources nécessaires pour faire face au service de l'emprunt qu'on devrait effectuer. *[Réponse du ministre des finances.]*

M. des Rotours mit en présence les droits de l'Etat, ceux des Compagnies et des détenteurs actuels de titres. Il ne voulait voir dans le montant du rachat qu'une indemnité accordée aux Compagnies et aux porteurs de titres, et ne consentait à admettre que cette indemnité pût être donnée qu'à la condition qu'elle profitât aux souscripteurs primitifs. Il réclama, lui aussi, un examen d'ensemble de la question sous toutes ses faces et demandait par conséquent le renvoi à la commission du budget ou à une commission spéciale. *[M. des Rotours.]*

M. Allain-Targé, repoussant l'argument de M. René Brice qui considérait avec raison la garantie d'intérêt comme un prêt remboursable, affirma, bien témérairement, ce nous semble, *que le remboursement de la garantie d'intérêts n'était qu'un mirage, que c'était un mirage aussi le retour gratuit à* *[M. Allain-Targé.]*

l'État des chemins de fer au bout de soizante-quinze ou quatre-vingts ans. Il attaqua vivement l'ancienne convention conclue avec la Compagnie d'Orléans en 1876. Il revendiqua pour l'Etat le droit de disposer des tarifs qu'il assimilait aux droits de douane, comparaison étrange qui repose sur une grave erreur économique. Il invoqua enfin, quoiqu'avec de larges réserves, l'intérêt des porteurs de titres, l'urgence d'une solution et conclut à l'adoption immédiate du projet qu'il ne croyait pas d'ailleurs exempt de défauts.

On eût pu penser à ce moment que la discussion était presque épuisée : elle allait, au contraire, entrer dans une phase plus brillante et éclairer la question dont plus d'un côté était resté dans l'ombre.

M. Cherpin.

M. Cherpin reprit à son tour le projet de loi dans son ensemble et trouva, dans l'article 1er, une sorte d'engagement moral pour le gouvernement de pratiquer à l'avenir le principe du rachat et de l'appliquer à toutes les Compagnies. Toutes les petites Compagnies pourraient demander le rachat ; si on déclarait qu'on n'avait voulu en racheter quelques-unes qu'à titre de bienfaisance, elles réclameraient avec raison l'égalité dans la charité. Et l'on serait rapidement amené par la force des choses à déclarer qu'il faut racheter tous les chemins de fer. Il pensait qu'en tous cas, l'Etat ne devait son concours qu'aux Compagnies qui avaient, de leur propre initiative, entrepris ce que l'Etat eût dû exécuter lui-même un jour ou l'autre si elles ne l'eussent fait. « *Le rachat des chemins*, disait-il, *est un acte bénévole*, il ne saurait être imposé comme une obligation. Le *projet engage la question du mode d'exploitation des chemins de fer*, il faut le temps de l'étudier. » Et il réclamait l'ajournement jusqu'au moment où M. le Ministre des Travaux publics pourrait présenter un projet d'ensemble sur les travaux qui

seraient à exécuter d'après les commissions régionales insti-
tuées par lui.

M. Laroche-Joubert invoqua les intérêts « du plus grand nom- M. Laroche Joubert.
bre. » Il montra quels services les lignes secondaires avaient
rendus au pays qu'elles traversent et quelle richesse elles y
avaient créée, richesse dont elles n'ont point profité et dont
il fallait cependant leur être reconnaissant. Il ne pourrait en
conséquence admettre que les Compagnies de chemins de fer
puissent être traitées comme des industries ordinaires. Il ap-
puyait donc le projet de loi, et engageait le Gouvernement
à exploiter les chemins rachetés en appliquant un système
fondé sur le principe de la coopération.

A ce moment la discussion menaçait de s'égarer, M. Rouher M. Rouher
monta à la tribune. Ce fut avec un bien vif intérêt que la
Chambre entendit traiter une grande question d'affaires par
celui-là même qui, pendant quinze ans, attacha son nom à
tous les progrès économiques que la France vit se réaliser.

M. Rouher déclara tout d'abord qu'il s'associait pleinement
au désir patriotique qu'avait témoigné le ministre des Travaux
publics de poursuivre l'achèvement de notre réseau de
chemins de fer. Mais il ne croyait pas qu'une pareille tâche et
qu'un pareil programme pussent se remplir sans la condition
du temps. Ce ne sont point là, disait-il, de ces œuvres qui
s'improvisent.

*Il voyait avec regret s'accroître les dépenses permanentes et il
pensait que ce qu'on appelle permanent ne l'est pas d'une manière absolue et qu'on peut, en graduant les dépenses annuelles,
éviter les aggravations excessives du budget.*

L'orateur distinguait deux points dans le projet : le rachat
des **2,915** kilomètres visés par le ministre, et la tendance au

rachat éventuel des chemins de fer appartenant aux compagnies que l'Etat exploiterait.

En ce qui concerne les lignes secondaires en cause, M. Rouher trouvait que la convention de 1876 ne sauvegardait pas suffisamment les intérêts de l'Etat. A ses yeux, le renvoi de l'amendement de M. Allain-Targé à la commission n'avait été qu'une invitation à plus ample informé ; ce renvoi avait été voté après le rejet d'un amendement de MM. Bethmont et Lecesne qui tendait au rachat et à l'exploitation par l'Etat.

A la suite du renvoi de l'amendement de M. Allain-Targé qu'y avait-il à faire pour se conformer aux intentions de la Chambre ? Rechercher d'abord une combinaison plus favorable que la Compagnie d'Orléans consentirait à accepter ; en cas de refus, constituer un septième réseau que l'Etat pourrait exploiter. On ne s'était préoccupé que de racheter, et de racheter même des lignes auxquelles on ne songeait point naguère.

L'orateur examinait le rachat dans les deux cas où il peut se produire : dans l'état de prospérité, dans l'état de détresse. Il précise la question du droit dans ces deux situations. Pour la première fois, faisait-il observer, qu'on invoquait l'article 12 de la loi de 1874, on le violait et cet article on l'invoquait au moment où il ne pourrait être appliqué, c'est-à-dire en cas de détresse. Dans ce cas, en effet, le rachat doit s'effectuer suivant la moralité de l'affaire, suivant sa valeur commerciale.

« Qu'a-t-on fait ? ajoutait l'orateur. On a traité avec les Compagnies secondaires ; les sentences arbitrales sont intervenues, et dès qu'elles ont été connues la spéculation s'est mise en mouvement et, escomptant les résultats probables du rachat, a fait de nombreuses opérations sur les actions et les obligations des lignes en cause. Les obligations surtout ont été l'objet de négociations déplorables. Les spéculateurs sachant fort bien la différence qui existait entre les titres des différentes émissions ont abusé de l'ignorance du public qui attribuait la même valeur à toutes les obligations indistinctement ; ils ont laissé au public les moins avantageuses et se sont emparés de celles qui vraisemblablement devaient avoir au moment de la production des créances une plus grande valeur. »

Si cette spéculation a pu avoir lieu, faisait observer M. Rouher, c'est qu'on n'a pas tout d'abord fixé les bases du rachat.

Puis, il demandait comment, après avoir racheté les lignes en cause dans ces conditions, on pourrait refuser à d'autres compagnies placées dans une situation identique de racheter les leurs de la même manière ? On y serait fatalement entraîné.

« Et ce rachat, poursuivait-il, s'effectue d'une façon étrange. Il ne s'agissait tout d'abord que de donner des annuités, et maintenant ce qu'on propose, c'est de payer en capital ! On dit qu'on amortira 25 millions par an : mais l'amortissement est tout fait : on n'a à payer l'annuité que pendant la durée de la concession. »

M. Rouher affirmait que l'essai d'exploitation par l'Etat servirait d'argument pour réaliser le système du rachat général des chemins de fer, de ceux mêmes qui sont aux mains des grandes compagnies. Il aborda alors la question des tarifs et invoqua l'avis de M. Léon Say, qui naguère repoussait l'assimilation des tarifs aux droits de douane. Il rappela les doctrines émises à ce sujet à l'origine des chemins de fer : gratuité absolue des transports, omnipotence de l'Etat en matière de tarifs. Il n'acceptait pas l'argument tiré des exemples fournis par les autres pays : en France, dans un pays dont la richesse mobilière représente plus de 60 milliards, dont l'épargne représente annuellement 2 milliards, on peut se fier à l'association *et laisser l'Etat dans son rôle de dispensateur des besoins publics sans en faire un constructeur, un camionneur, un entrepreneur de transports.*

Vouloir modifier les tarifs, c'est, affirmait l'orateur, *se condamner au rachat d'une manière absolue.* Les tarifs sont la représentation de services rendus. Il est d'ailleurs de l'intérêt des Compagnies d'augmenter leurs dividendes et pour ce faire de développer leur trafic ; or, le développement du trafic, c'est l'abaissement des tarifs. L'homologation des tarifs est un droit suffisant entre les mains du Ministre des travaux publics ; c'est un droit attentif qui peut et doit s'exercer tous les jours à tous les instants. Un Ministre des travaux publics vigilant est suffisamment armé. *L'Etat ne peut avoir la souveraine appréciation des tarifs comme il a celle des droits de douane; ceux-ci représentent une perception fiscale ; les tarifs représentent une fonction remplie, une tâche accomplie et rémunérée.* Pour s'emparer des tarifs il n'y a, au reste, qu'un moyen, le rachat.

Et l'orateur concluait en invitant le gouvernement à rouvrir les négociations, non plus avec la seule Compagnie d'Orléans, mais aussi avec celles de l'Ouest, de l'Est, de Lyon, pour les tronçons qui les intéressent respectivement.

La première partie de la discussion est close. Ainsi se termina la première partie de cette grande discussion. Au cours de ces débats nous avions vu revenir fréquemment les idées et les arguments que nous avions produits nous-même. Les divers orateurs qui se sont succédé à la tribune, soit pour combattre le projet de loi soit pour en demander l'ajournement, ont tour à tour touché les points que nous avions préalablement examinés et, depuis cette époque, les faits ont confirmé nos appréciations et nos craintes.

La discussion, quelques jours suspendue, se ranima avec non moins d'éclat dès que M. de Freycinet vint défendre son projet de loi devant la Chambre des Députés. Son discours, habilement présenté, et excellent à divers points de vue, renfermait des déclarations qu'il importe de rappeler.

On savait, du reste, quelles considérations le Ministre des travaux publics devait nécessairement opposer à celles qui avaient été présentées par ses contradicteurs. Nous n'insisterons donc pas sur cette partie de son discours. Mais ce que nous devons mettre en évidence, ce sont les réserves que le ministre formula en des termes si précis et si catégoriques qu'elles prenaient le caractère d'engagements positifs et formels.

Il déclara que le projet de loi ne préjugeait rien sur le régime futur de nos chemins de fer, que la question d'exploitation par l'Etat, aussi bien que celle du rachat général n'y était engagée en aucune façon et que, s'il avait eu la pensée de les soulever, il ne l'eût point fait en les introduisant en quelque sorte subrepticement dans ce projet. M. de Freycinet se défendit énergiquement et éloquemment d'avoir eu, en cette circonstance, l'intention de résoudre tacitement une question par un article de loi plus ou moins équivoque.

Il contesta que le renvoi de l'amendement de M. Allain-Targé fût une pure et simple invitation à plus ample informé. Ses prédécesseurs et lui-même avaient considéré la décision de la Chambre comme ne pouvant avoir qu'une signification : le rachat des lignes en détresse. Cette opinion cependant ne l'avait pas tellement entraîné qu'il crût n'avoir aucune autre solution à rechercher. Des ouvertures avaient été faites par M. de Freycinet à M. Solacroup, l'éminent directeur de la Compagnie d'Orléans ; une nouvelle combinaison qui embrassait l'exploitation de 4,400 kilomètres de chemins de fer lui avait été proposée ; il lui avait été demandé de formuler un projet à cet égard. Ces préliminaires de négociations n'avaient pas encore eu de suite. Ils pouvaient cependant en avoir une. La Compagnie d'Orléans pouvait, dans un délai plus ou moins long, faire connaître ses résolutions, ses conditions. Si elles paraissaient acceptables, le ministre les soumettrait à la Chambre.

Ces déclarations rassurantes, dont l'importance n'échappa à personne, constituaient un véritable engagement.

Mais M. de Freycinet pensait qu'on ne saurait suspendre toute délibération et toute décision jusqu'à ce que les grandes Compagnies se fussent prononcées ; qu'il y avait urgence à intervenir en ce qui touchait les lignes visées par le projet.» Ces lignes disait-il, ne sont point rachetées à trop haut prix ; *on les rachète par raison d'Etat.* La situation de détresse de ces lignes n'est point la cause du rachat, elle n'en est que l'occasion. Le rachat ne saurait donc avoir lieu à un prix fixé uniquement sur la valeur commerciale ; ce serait une flagrante injustice et il importe de tenir compte des services rendus et de la richesse créée par l'établissement des lignes en question. »

Répliques de MM. Cherpin et Rouher.

Après une courte réplique de M. Cherpin qui maintint sa demande d'ajournement, M. Rouher prit de nouveau la parole. *Il exprima la crainte de voir l'exécution du grand programme de travaux publics compromise dès le début par une tentative malheureuse,* qui engloutirait d'un coup 500 millions sans résultats appréciables et sérieux. Il n'admettait pas qu'on invoquât la raison d'Etat pour racheter au prix réel des Compagnies qui n'ont pu remplir leurs engagements, exécuter leurs contrats. Agir de la sorte, c'était, à son avis, encourager singulièrement les concessionnaires peu scrupuleux. On n'avait à considérer et à apprécier qu'une situation commerciale ; il fallait la calculer sérieusement.

M. Rouher regardait comme exagérée la prétention de traiter avec la Compagnie d'Orléans pour la construction de plus de 4,000 kilomètres. Nous avons, disait-il, à régler le sort de 2,615 kilomètres ; répartissons-les entre les quatre grandes Compagnies auxquelles les divers tronçons se rattachent. Et il terminait en invitant le Gouvernement à ouvrir de nouvelles négociations qui devaient, croyait-il, avoir un résultat favorable.

La discussion générale fut close à la suite du discours de M. Rouher. La proposition d'ajournement mise aux voix fut repoussée par 317 voix contre 155. La Chambre passa ensuite à la discussion des articles et finalement la loi fut votée.

Que résultait-il de ces longs et importants débats ?

C'est que l'expérience que le gouvernement se disposait à tenter ne devait en aucune manière être invoquée comme un précédent de nature à justifier des rachats ultérieurs. D'autre part, on ne renonçait pas à profiter des avantages éventuels que pouvaient offrir de nouvelles transactions avec les grandes Compagnies. Dans ces Compagnies d'immenses intérêts sont engagés et les moindres ne sont pas ceux de l'Etat ; il convenait donc d'agir avec une grande prudence et de nombreux ménagements.

Quelques mois après, au mois de mai 1878, le Sénat votait, après de longs et attachants débats, le projet de loi portant rachat de différentes lignes secondaires, Charentes,

3

Vendée, Orléans à Châlons, etc., précédemment voté par la Chambre des Députés.

Comment il était conçu ?

Ce projet de loi était ainsi conçu :

Art. 1er — Sont et demeurent incorporés au réseau des chemins de fer d'intérêt général les chemins de fer d'intérêt local ci-après dénommés ;

Compagnie des Charentes : 1° de Bordeaux à la Sauve ; 2° de Confolens à Excideuil.

Compagnie d'Orléans à Rouen : 3° d'Orléans à Chartres ; 4° de Chartres à Saint-Georges (limite de l'Eure) ; 5° de Chartres à Auneau ; 6° de Chartres à Brou ; 7° de Patay à Nogent-le-Rotrou ; 8° de Brou à Savigny, vers Saint-Calais ; 9° de la limite du département de l'Eure à Rouen ; 10° d'Evreux-Ville à Evreux-Navarre avec raccordement à la gare de l'Ouest.

Compagnie de Poitiers à Saumur : 11° de Neuville à Saumur,

Compagnie de Maine-et-Loire et Nantes : 12° de Montreuil-Bellay à Angers ; 13° de Faye à Chalonnes.

Compagnie des chemins Nantais : 14° de Nantes à Machecoul, avec raccordement de la gare de la Prairie-au-Duc avec la gare de la Compagnie d'Orléans à Nantes ; 15° de Sainte-Pazanne à Paimbœuf ; 16° de Saint-Hilaire à Pornic ; 17° de Machecoul à la Roche-sur-Yon, avec embranchement sur Croix-de-Vie.

Il sera statué, par décret rendu en Conseil d'Etat, sur l'indemnité ou sur les dédommagements qui pourront être dus aux départements.

Art. 2. — Sont approuvées les conventions provisoires annexées à la présente loi passées entre le ministre des travaux publics et les Compagnies de chemin de fer ci-après désignées, savoir :

Le 31 mars 1877, avec la Compagnie des Charentes ;

Le 22 mai 1877, avec la Compagnie de la Vendée ;

Le 21 avril 1877, avec la Compagnie de Bressuire à Poitiers ;

Le 26 avril 1877, avec la Compagnie de Saint-Nazaire au Croizic ;

Le 26 avril 1877, avec la Compagnie d'Orléans à Châlons :

Le 16 avril 1877, avec la Compagnie de Clermont à Tulle ;

Le 12 juin 1877, avec le syndic de la faillite de la Compagnie d'Orléans à Rouen ;

Le 31 mars 1877, avec la Compagnie de Poitiers à Saumur ;

Le 19 avril 1877, avec la Compagnie de Maine-et-Loire et Nantes ;

Le 26 avril 1877, avec la Compagnie des Chemins de fer Nantais ;

Cette approbation est donnée sous les réserves contenues aux articles **5** et **6** ci-dessous.

ART. **3.** — Une loi de finances créera les ressources à l'aide desquelles il sera pourvu :

1° Au paiement en capital et intérêts de la partie du rachat exigible pour les dépenses arrêtées à la date du 30 juin 1877, dont le montant se trouvera fixé par les sentences arbitrales ;

2° Au paiement de certains travaux dont l'achèvement a été réservé par les conventions aux Compagnies rachetées ;

3° Au paiement de travaux que le ministre des travaux publics, par suite des conventions, sera autorisé à faire exécuter directement sur les lignes rachetées ;

ART. **4.** — En attendant qu'il soit statué sur les bases définitives du régime auquel seront soumis les chemins de fer dont l'article **2** règle la reprise par l'État, le ministre assurera l'exploitation provisoire de ces lignes à l'aide de tels moyens qu'il jugera le moins onéreux pour le Trésor... »

La discussion de ce projet au Sénat fut des plus remarquables et fit grand honneur aux divers orateurs qui y prirent part. Les discours de MM. Buffet, Caillaux et de Ventavon, ceux du ministre des Travaux publics, M. de Freycinet et celui du ministre des Finances, M. Léon Say, seront toujours relus avec profit par tous ceux que ces grandes questions intéressent.

Quand on étudie aujourd'hui ces débats, la conclusion qui s'en dégage est que le vote du Sénat fut déterminé surtout par les déclarations réitérées du ministre des travaux publics, au sujet de *l'exploitation par l'Etat repoussée à l'unanimité par la commission*, et du rachat des grandes Compagnies.

Que de fois, depuis 1878, ces déclarations, considérées alors comme un gage précieux pour les nombreux et respectables intérêts engagés dans l'industrie des chemins de fer, ne furent-elles pas oubliés ?

Que de fois, depuis 1878, les grandes Compagnies de chemins de fer ne se sont-elles pas senties menacées dans la libre exploitation de leurs puissantes propriétés ?

En même temps que la loi concernant le rachat de plusieurs lignes de chemins de fer était votée, apparaissait le programme détaillé des travaux publics que M. de Freycinet se proposait d'effectuer.

Tous les députés réclamèrent l'exécution de travaux, de chemins de fer, de canaux, dans leurs départements.

Ainsi, le plan général des travaux est fait : les grands travaux publics sont décidés. La première partie du rôle du ministère de M. de Freycinet est terminée.

C'est maintenant au ministre des Finances qu'il appartient de créer des ressources pour mettre en œuvre les chantiers qui devaient s'ouvrir.

La rente 3 0/0 amortissable est à la veille de faire son apparition.

CHAPITRE III.

La création et les émissions successives du 3 0/0 amortissable.

Le 16 mars 1878, la Chambre des Députés votait, pour Le projet d'emprunt voté par la Chambre. ainsi dire, sans discussion, le projet de loi portant création de la dette amortissable par annuités.

Après avoir approuvé le rachat des petites lignes de chemins de fer, il fallait bien donner au gouvernement les moyens de trouver les capitaux nécessaires à ces paiements. Pour effectuer ce rachat, diverses propositions, divers systèmes d'emprunts avaient été mis en avant. Aussi ne fut-ce pas sans surprise que le monde financier apprit que le nouveau mode d'emprunt avait été adopté par la Chambre presque sans débat et sans objection.

Quel serait le nouveau titre de rente ? Comment serait-il Comment, sous quelle forme et dans quelles conditions devait être émise la nouvelle rente. émis ? A quel taux serait-il placé dans le public ? Sur tous ces points le public demandait à être renseigné.

On savait que les nouvelles rentes seraient créées sous forme d'obligations qui seraient cotées « en tant pour cent » ainsi que cela se pratique pour le 3 0/0 ancien ; que le plus petit coupon de rente devait être de 15 fr., mais, sur la demande de la commission du budget, demande que nous formulions nous même antérieurement (1) *le ministre des finances s'était engagé à réaliser, dans un avenir très rapproché, la réduction de la coupure minima de 15 fr. à 3 fr. de rente*, mesure utile, s'il en fût, et qui malheureusement n'a pas encore été effectuée.

Les nouvelles obligations devaient être divisées en séries, les- Les séries.

(1) Voir le *Rentier* du 17 février 1878 et notre brochure sur *les Grands travaux publics*, in-8° Guillaumin et C⁰.

quelles seraient amorties à leur valeur nominale par tirages au sort, suivant un tableau d'amortissement, dans un espace de 75 ans.

Les coupons devaient être payables par trimestre ; les tirages, annuels : le taux de remboursement de chaque titre, était de 500 fr.

Le taux d'émission. Comment devait s'effectuer l'émission de ces titres ? Quel serait le taux d'émission ? Quel mode emploierait-on pour placer cette nouvelle valeur ? Procèderait-on par voie de souscription publique ou par ventes à la Bourse? Ou bien délivrerait-on les titres aux guichets du ministère des finances et à ceux des trésoriers payeurs et receveurs particuliers des finances ?

Sur tous ces points, des renseignements précis faisaient défaut. On savait seulement que, pour ces questions si intéressantes, la commission du budget avait remis, par l'article Article 4 du projet 4, au ministre des finances, le soin de faire déterminer par dé- de loi. cret le taux et l'époque des émissions, la nature, la forme et le mode de transfert de ces titres. C'était donc un blanc-seing donné au ministre qui, dans la discussion à la chambre avait, du reste, déclaré que, n'ayant pas besoin immédiatement du montant intégral de l'emprunt, il pourrait écouler les titres peu à peu, au fur et à mesure des besoins, sans se presser et, avait-il ajouté, au *taux le plus élevé*.

Au commencement de l'année 1878, le 3 0/0 ancien valait 72 fr. Au moment du vote par la Chambre du nouveau 3 0[0, le 3 0[0 ancien valait 74 fr. Dans l'opinion du monde des affaires, le 3 0[0 amortissable devait valoir environ 5 fr. de Les calculs du *Journal* plus que le 3 0/0 ancien. Le *Journal des Débats* publiait, en des *Débats*. même temps que d'autres journaux autorisés, des calculs pour déterminer la valeur mathématique du nouveau titre. Ces calculs, qu'il est bon de rappeler aujourd'hui, s'établissaient ainsi qu'il suit.

En se basant sur le cours du 3 0/0 de 74 fr. environ, le porteur d'un titre de rente amortissable devait toucher, dans une période de 75 ans, la différence entre 74 et 100, soit 26 fr. comme prime au remboursement. Cette différence de 26 fr. équivalait, basée sur un intérêt de 3 0/0, à un capital de 5,17. La nouvelle rente amortissable devait donc valoir intrinsèquement 5,17 de plus que l'ancienne rente 3 0/0. Ainsi, si le 3 0/0 ancien se négociait à 72, le 3 0/0 amortissable devait se négocier à 77,17 ; si le 3 0/0 ancien se négociait à 73, le 3 0/0 amortissable devait être à 78,17 et ainsi de suite.

De ces calculs, on tirait la conclusion que le prix de négociation de la rente amortissable ne pouvait guère dépasser 78 fr. au maximum.

L'engouement du public devait singulièrement modifier ces chiffres. Comme le faisait remarquer la *République Française*, « il eut été bon de démontrer jusqu'à l'évidence que le 3 0/0 amortissable est le vrai fonds d'avenir, qu'il présente le double avantage d'être le moins onéreux pour l'Etat et le plus productif pour les particuliers. »

Mais, comme le disait encore ce journal, on avait sans doute supposé « que l'instruction avait été complètement faite, par « la polémique prolongée et approfondie d'un grand nombre « de journaux, qui s'étaient occupés de cette question, sans « distinction d'opinion politique, et c'était pour cela sans doute « qu'à la majorité de 331 voix contre 67, la Chambre des « Députés avait dans une seule séance donné son vote appro- « batif à ce projet de loi. »

Dans cette hâte, la Chambre avait oublié un point bien important que le Sénat devait relever. L'article 3 du projet primitif, rétabli par le Sénat, déclarait que tous les priviléges et immunités attachés aux rentes sur l'Etat étaient assurés aux rentes 3 0/0 amortissables. Les rentes sont, on le sait, insaisissables, conformément aux dispositions des lois des 8 nivôse an VI et 22 floréal an VII, et peuvent être affectées aux remplois et placements spécifiés par l'article 20 de la loi du 26 septembre 1871.

Or, dans la nouvelle rédaction, il n'était plus question expressément, comme dans le premier projet, des *exemptions d'impôts garanties actuellement aux titres de la dette consolidée par les lois en vigueur*.

II

Dans l'intervalle qui sépara le vote du projet de loi par les Chambres du jour où il devait être définitivement adopté par le Sénat et promulgué dans le *Journal Officiel,* la discussion recommença de plus belle dans les journaux, dans le monde financier, à la Bourse, sur les avantages de la nouvelle rente. Les capitaux se préparaient à faire le meilleur accueil à ce titre, d'autant plus que l'ensemble du marché était des plus satisfaisants, que les tendances de hausse sur l'ensemble des valeurs s'accusaient chaque jour de plus en plus, tendances favorisées par une grande abondance de capitaux sans emploi, par le mouvement d'affaires qui signala l'ouverture de l'exposition universelle de 1878.

Aucun moment n'était plus propice pour faire appel à l'épargne. Aussi, dès le vote du Sénat, le *Journal Officiel* du 12 juin 1878, contenait-il la promulgation de la loi portant création de la dette amortissable par annuités.

Le texte des articles 1, 2, 3, 4 de cette loi était ainsi conçu :

« Art. 1ᵉʳ. —Il est institué au grand livre de la dette publique une section également consacrée à la dette amortissable par annuités.

« Art. 2. — Seront inscrites à la section du grand livre de la dette publique, instituée par l'art. 1er, les rentes 3 0[0 amortissables en 75 ans, dont la création et la négociation font l'objet de la présente loi ou seront autorisées par des lois ultérieures.

« Art. 3. — Tous les privilèges et immunités attachés aux rentes sur l'Etat sont assurés aux rentes 3 0[0 amortissables.

« Ces rentes sont insaisissables conformément aux dispositions des lois des 8 nivôse an VI et 22 floréal an VII, et pourront être affectées aux remplois et placements spécifiés par l'art. 29 de la loi du 26 septembre 1871.

« Tout déposant de caisse d'épargne dont le crédit sera de somme suffisante pour acheter 15 fr. au moins de rente 3 0[0 amortissable, pourra faire opérer cet achat, sans frais par les soins de l'administration de la caisse d'épargne.

« Art. 4. — Le taux et l'époque des émissions, la nature, la forme et le mode de transfert des titres, le mode et les époques d'amortissement et de paiement des arrérages, ainsi que toutes autres conditions applicables à la dette amortissable par annuités, seront déterminés par décrets. »

Le public était impatient de connaître le prix, le mode et le jour de l'émission ; chacun se disposait à prendre part à cette opération dont le ministre étudiait les détails.

« Cette étude, écrivions-nous alors (1) exige beaucoup de soins, de circonspection et de temps.

« Sans doute, les pouvoirs publics, qui ont la plus grande confiance dans le succès, auprès des capitalistes et de l'épar-

---

(1) Voir *le Rentier du* 17 *Juin* 1878.

gne, des nouveaux titres, ont à tenir compte de l'opinion du monde financier, opinion que font connaître les articles publiés, sur ce sujet, par des organes autorisés, soit dans la presse politique, soit dans la presse financière.

«Néanmoins le point de vue est complètement différent, car les questions d'intérêt général sont les seules qui doivent préoccuper, passionner un gouvernement ; les intérêts de maisons particulières, ceux de la spéculation ne doivent, en aucun cas, leur être préférés.

« Or, rien qu'en ce qui concerne le prix de placement de la nouvelle rente amortissable, surgit une difficulté dont la gravité n'échappera à aucune des personnes au courant des affaires financières.

«Ainsi les calculs d'amortissement démontrent, d'une façon mathématique, que la rente 3 0[0 amortissable vaut 3 fr. ou 5 fr. de plus que la rente ancienne, suivant que l'amortissement est capitalisé à 3 ou 4 0[0.

« Si l'on compare la nouvelle rente au prix des obligations de chemins de fer, on arrive au taux de 77 fr. 80 environ pour prix de négociation du 3 0[0 amortissable.

« Eh bien, c'est précisément dans la fixation du prix exact d'émission que réside la principale difficulté.

« Si le 3 0[0 amortissable est émis à un taux trop élevé, le public, qui est aussi soucieux de ses propres intérêts que le Trésor est soucieux des siens, s'abstiendra.

« Dans ce cas, l'abstention du public serait un échec grave pour le gouvernement, échec plus grave encore pour les grands travaux publics décrétés, en voie d'exécution ou à accomplir.

« Si la rente amortissable est émise trop bon marché, le danger n'est pas moins sérieux. Le public abandonnera les an ciens titres de fouds français et négligera les obligations des grandes Compagnies de chemins de fer garanties par l'Etat.

« Si cette éventualité venait à se réaliser, si la clientèle fidèle des grandes Compagnies venait à diminuer, ces Compagnies disposant de ressources moins abondantes ou plus coûteuses, travailleraient moins, exécuteraient moins de travaux.

« Le pays tout entier, l'Etat, les particuliers souffriraient beaucoup d'un tel état de choses.

« Il s'agit donc, on le voit, de concilier de nombreux intérêts :
« Celui de l'État, qui désire le succès le plus complet pour son emprunt ;

« Celui du capitaliste, qui recherche surtout un placement avantageux ;

« Celui des grandes Compagnies qui peuvent avoir à souffrir de la concurrence faite à leurs titres par les nouvelles rentes amortissables.

. . . .

« Tout en s'occupant de fixer, le plus avantageusement possible pour les capitalistes et pour l'Etat, le premier prix de placement de la rente amortissable, il convient aussi de rechercher les moyens de lui donner sur nos marchés et sur tous les marchés européens l'accès le plus facile, et de lui assurer les négociations les plus larges. Nos rentes se négocient, aussi bien en France qu'à l'étranger, dans toutes les Bourses du continent. Les rentes françaises sont aujourd'hui de véritables valeurs internationales ; ce sont là de grands avantages qu'il convient, répétons-le, de faire obtenir au 3 0/0 amortissable, surtout si ce dernier fonds d'Etat est appelé, dans un avenir prochain, à devenir le véritable type de nos fonds publics.

« Toutes ces questions, on le voit, ne se résolvent pas en que-

ques instants ; lorsqu'elles seront résolues le 3 0/0 amortissable verra le jour. »

III

Première vente de rentes amortissables. Le 16 juillet 1878, *le Journal Officiel* publiait un décret du Président de la République, contresigné par le ministre des Finances, autorisant ce dernier à procéder à la création et la négociation des rentes amortissables. En même temps, le Ministre des Finances annonçait, par un arrêté, qu'à la Bourse du 17 juillet, il ferait vendre 1,013,460 fr. de rentes, ce qui représentait un capital de 30 millions de francs environ.

Pourquoi vendre par la Bourse ? Pourquoi le Ministre procédait-il par voie de vente à la Bourse au lieu de fixer un prix d'émission, par souscription publique ?

C'est qu'à cette époque, le système employé pour les émissions de valeurs d'Etat ou d'emprunts de villes, était très peu en faveur.

On avait vu la Ville de Paris, en 1871, obligée de créer des quarts d'obligations pour satisfaire aux demandes de souscriptions ; plus tard, en 1875 et 1876, les souscriptions étaient tellement nombreuses que, lors de la répartition, le souscripteur à plus de 1,000 obligations, obtenait à grand peine trois ou quatre titres ; plus récemment, l'emprunt de la ville de Marseille fut couvert un nombre considérable de fois.

Ce qu'on pensait des souscriptions publiques. Dans ces souscriptions, les capitalistes sérieux ne trouvaient pas leur compte. Il leur fallait déplacer des capitaux considérables et, finalement, ils obtenaient un chiffre dérisoire de titres lors de la répartition. Ce résultat n'était pas moins préjudiciable aux villes qui effectuaient des emprunts. Elles recevaient un chiffre colossal de demandes lors de l'émission, puis l'émission effectuée, la souscription couverte 10, 20, 30, 40 fois, les titres émis tombaient au-dessous de leur taux d'émission. Cela prouvait assurément que, si les titres étaient souscrits, ils n'étaient pas classés.

Tous ces inconvénients avaient été depuis longtemps signalés; aussi, pour les éviter, le Ministre des Finances, M. Léon Say, avait cru bien faire en employant un nouveau système d'émission, c'est-à-dire en faisant coter le titre pour le vendre ensuite purement et simplement à la Bourse, suivant les lois de l'offre et de la demande.

Cette façon de procéder produisit un résultat auquel le Ministre ne s'attendait guère, résultat qui mécontenta tout le monde, banquiers et capitalistes, tous ceux, en un mot, qui voulaient faire un placement avantageux en achetant de la rente amortissable.

En effet, comme nous le disions plus haut, le Ministre des Finances avait annoncé par un arrêté qu'il serait vendu à la Bourse 1,013,460 fr. de rentes par les soins des agents de change, ce qui représentait un capital de 30 millions environ.

Depuis plusieurs jours, des journaux officieux faisaient prévoir que le taux de placement de la rente amortissable ne dépasserait pas 80 fr. par 3 fr. de rentes. Le *Journal des Débats* lui-même, *dans une note parue la veille de l'arrêté ministériel, estimait que d'après le cours de 77 fr. 50 sur le 3 0/0 ancien, le prix du 3 00 amortissable devrait être de 81 fr. 85.*

Or, chacun des 60 agents de change avait des ordres d'achats de rentes amortissables à effectuer, soit *au mieux*, soit *au cours moyen.*

A l'ouverture de la Bourse du 17 juillet, tout le monde demandait du 3 0/0 amortissable. Que représentaient les 1,013,460 francs de rentes à vendre répartis entre chaque

La Bourse du
17 juillet 1878.

agent? A peine 17,000 fr. de rentes pour chacun d'eux ?
C'était une véritable goutte d'eau dans l'Océan !

Les hauts cours du début : leur exagération.

Or, les premières demandes s'étant faites à 85 fr., d'autres
ont surgi à 86, puis à 87 fr. Les ordres imprudemment donnés *d'acheter au mieux* furent la vraie cause de ces cours
exagérés. On aurait pu tout aussi bien coter 90, 95 et même
100 francs.

Ce qui se produisit sur le marché fut donc exactement
le contraire de ce qui avait lieu lors des souscriptions publiques.

Les demandes d'achats de rentes amortissables furent tellement nombreuses que des prix ridiculement exagérés furent
cotés, et cette concurrence des demandes s'exerça, non pas sur
la quantité de titres mis en vente, comme dans une souscription publique, mais sur le prix lui-même.

Critiques et malentendus.

A partir de ce jour, les critiques les plus véhémentes furent
dirigées et contre la rente amortissable et contre le ministre
qui l'avait créée. Il y avait là un malentendu dont n'étaient
responsables ni le Ministre des Finances ni le syndic des
agents de change à qui les reproches ne furent pas ménagés.

La spéculation est cause du mal.

« *La spéculation avait voulu à tout prix acheter des rentes à
85, 86, 87 que le Gouvernement aurait volontiers voulu vendre
à 79 (1).* »

A l'engouement irréfléchi succèdent la défiance du public et la baisse de la rente.

Que devait-il résulter, tout d'abord, de cet engouement irréfléchi ? La baisse de la rente amortissable.

Et, en effet, prenons le cours de 85 fr., cours le plus bas
qui fut coté dans cette fameuse journée du 17 juillet.

____

(1) *Journal des Débats* du 7 mai 1880,

Ce cours de 85 fr. veut dire que pour 85 fr. on a 3 fr. de rentes remboursables à 100 fr. en 75 ans.

Comme les plus petites coupures de rentes sont de 15 fr., un titre amortissable de 15 fr. de rentes a donc coûté 425 fr. et est remboursable à 500 fr.

Or, 15 fr. de rentes anciennes à 77 fr. coûtaient seulement 385 fr., soit 40 fr. de moins.

L'Obligation du Trésor 1877 qui rapporte **20 francs** et est remboursable à 500 fr en trente années était cotée seulement 465 francs.

Les obligations de chemins de fer, *garanties par l'Etat*, remboursables à 500 fr., coûtaient seulement 350 fr. pour 13 fr.90 net de revenu, soit 380 fr. environ pour un revenu de 15 fr.

Si le cours du 3 0/0 amortissable à 85 fr. avait été sérieux, les obligations des grandes Compagnies, à parité égale de revenu, auraient dû se négocier à 400 fr.: les obligations du Trésor 1877 à 560 fr.

L'exagération des cours de début sur le 3 0/0 amortissable devait donc indisposer tout le monde contre ce nouveau type de rentes. Ce fut un mauvais commencement qui rendit, à l'avenir, le public défiant. Ceux qui avaient acheté du 3 0/0 amortissable, aux cours cotés le premier jour de son apparition à la cote, ne pensèrent plus qu'à le réaliser dès qu'ils le pourraient faire sans trop de perte. Ceux qui n'avaient pas acheté, devaient attendre pour le faire que des cours plus favorables se fussent produits.

Quant au Trésor public, avait-il fait une excellente affaire en vendant à 85, 86, 87, des titres que le Gouvernement espérait à peine vendre la veille à 80 fr. et même quelques semaines plus tôt à 75 fr.?

Oui, si on ne considère que le résultat matériel de l'opération. En vendant 1 million de rentes 5 fr. plus cher qu'il ne le voulait, le gouvernement faisait gagner près de 2 millions au Trésor.

Non, si on considère le résultat moral, si on considère l'intérêt du public qui a toujours été le meilleur et le plus fidèle client du Trésor.

Un vieux conseil oublié.

Le devoir d'un gouvernement est de concilier à la fois les intérêts de l'Etat et ceux du public, et nous serions fort tenté, à ce sujet, de rappeler les paroles qu'un de nos plus grands ministres, Colbert, adressait à ses intendants, au sujet des marchands, des commerçants : « Soyez plutôt un peu dupe avec « eux, que de gêner le commerce, disait-il, parce que ce se- « rait anéantir les produits. Objectez néanmoins la rigueur « des ordonnances. »

Continuation de la baisse.

Si le 3 0/0 amortissable avait, dès ses débuts, fait gagner les premiers acquéreurs, si la hausse avait été la conséquence de ce premier placement, le titre eut immédiatement acquis une grande vogue. Malheureusement, dès le 18, la baisse prenait de grandes proportions. Du 17 juillet au 25 juillet, le plus haut cours du 3 0/0 amortissable fut de 87 fr.; le plus bas, de 83 fr. 10. Le 1er août, on cotait 81 fr. 50 ; le 5, 81 fr. 15 ; quelques semaines après, les cours oscillaient entre 80 et 81 fr.

Les premières rentes amortissables avaient donc été vendues trop cher et cette erreur du début fut toujours imputée au ministre des finances.

M. Léon Say désolé d'avoir vendu si cher.

« *J'ai fait tout ce que j'ai pu*, disait tout récemment M. Léon « Say au Sénat (1), **pour ne pas les vendre si**

Sénat. — Séance du 21 décembre 1882.

« **cher**; j'avoue que je n'étais pas flatté lorsqu'on m'appor-
« tait le cours de la Bourse et que je voyais le 3 0/0 amortissable
« monter à **86** et à **87** fr. *C'était, en effet, un cours contraire*
« *à ce que je considérais comme l'intérêt permanent du Trésor.*
« Je recevais ce jour-là, un peu plus d'argent, *mais je ne*
« *me créais pas la clientèle, et ce qu'il fallait, c'était se la ren-*
« *dre favorable pour l'avenir.* Par conséquent, je n'étais pas du
« tout flatté d'apprendre que les rentes étaient cotées à **87** fr.;
« *il y a eu là un de ces excès de spéculation qui, malheureusement,*
« *se produisent sur toutes les bourses et qui se produisent à la*
« *Bourse de Paris autant et peut-être plus qu'ailleurs.* Je recon-
« nais que le taux d'émission trop élevé n'était pas une condi-
« tion favorable pour le nouveau fonds. Malgré cela, je crois
« pouvoir affirmer que les **500** millions de rentes de la pre-
« mière émission se sont classés ; ils se sont classés peut-être
« avec lenteur, mais enfin, ils étaient classés lorsque l'em-
« prunt d'un milliard a été fait, plus tard ».

Le taux d'émission trop élevé.

IV.

Cette première émission de rentes amortissables avait produit 30 millions ; mais il en restait à placer environ pour un
capital de 400 millions. Pour effectuer ce placement, le ministre des finances eut recours à deux nouveaux procédés.

Capitaux produits par la première opération.

Ce qu'il restait à placer.

Le 12 août 1878, il mettait ces rentes à la disposition du
public, aux caisses du Trésor et des Trésoriers-Payeurs, au
prix fixe de 80 fr. 50. C'était donc offrir ces nouvelles rentes
près de six francs au-dessous du cours auquel les premières
ventes avaient eu lieu le mois précédent. Cette expérience
n'ayant pas réussi, le ministre des finances décida d'offrir le

Nouveaux modes de placement.

Cours fixe puis cours **3 0/0** amortissable au cours moyen de la Bourse de la veille
moyen de la veille. de chacune des demandes.

Il porta cette décision à la connaissance du public par des placards affichés aux guichets du Trésor et dans les bureaux des Trésoriers-Payeurs-Généraux. En même temps, il invitait ceux-ci de la manière la plus pressante à placer le nouveau fonds dans leur clientèle.

L'avis au public était ainsi conçu :

Avis au public.

AVIS AU PUBLIC.

Rentes 3 0/0 amortissables

Remboursables au pair en 75 ans.

(Loi du 11 juin 1878. — Décret du 16 juillet 1878.)

La loi du 11 juin dernier a créé les rentes 3 0/0 amortissables. Ce sont des titres vendus par le Trésor pour obtenir les fonds nécessaires à l'achèvement du réseau des chemins de fer. On peut s'en procurer par l'intermédiaire des *percepteurs dans les communes importantes* ou directement par les *receveurs particuliers* et les *trésoriers-payeurs généraux dans les chefs-lieux d'arrondissement et de département*. Il n'est pas délivré de titres inférieurs à 15 fr. de rente. Les 15 fr. de rente sont remboursables à 500 fr. par la voie du sort au moyen d'un tirage annuel dont le premier aura lieu le 1er *mars* 1879.

Les titres provisoires qui sont dès aujourd'hui remis entre les mains des preneurs, seront incessamment échangés contre des titres d'inscriptions définitives. Chaque inscription appartiendra à une série déterminée. Il n'y aura en tout que 175 séries. Il sortira un numéro de série pendant chacune des vingt-neuf premières années. La série sortie au tirage, étant remboursée tout entière, tout porteur de titre aura, la première année, une chance sur 175 d'avoir son titre remboursé à 500 fr.; la chance augmentera pendant les années suivantes ; elle sera, la seconde année, de 1 sur 174 ; la troisième de 1 sur 173, et ainsi de suite, jusqu'à l'époque où il sera tiré annuellement, deux, trois, et jusqu'à six séries, de telle sorte que tous les titres soient remboursés en 75 ans.

Les nouvelles rentes peuvent être au *porteur ou nominatives. Elles sont exemptes de tout impôt ;* les arrérages en sont payés *par trimestre, les 16 octobre, 16 janvier, 16 avril, 16 juillet.* Les coupons des inscriptions au porteur seront payables à *toutes les caisses publiques ;* les arrérages des inscriptions nominatives seront payables dans le département indiqué par le titulaire. Ces rentes sont insaisissables, peuvent être reçues pour cautionnements en rentes et comportent les remplois dotaux aussi bien que la constitution d'usufruit et de nu-propriété. Elles jouissent, en un mot, de tous les avantages et privilèges attachés aux autres rentes sur l'Etat.

Le prix de vente en est fixé chaque jour, *d'après le cours moyen de la veille à la Bourse de Paris.*

Le taux actuel est de 80.20 ce qui représente un capital de **401 fr.** à verser par **15 fr.** de rentes. »

Enfin, le 5 septembre, le *Journal officiel* publiait l'avis suivant :

Ministère des Finances.

AVIS AU PUBLIC.

« Le produit du placement des rentes 3 0/0 amortissables ayant atteint le chiffre de 100 millions, y compris la négociation faite à la Bourse de Paris le 17 juillet dernier, le public est prévenu que la réalisation de ces valeurs, aux caisses du Trésor à Paris, dans les départements et en Algérie, est suspendue à partir du *mercredi 4 septembre, au soir.* Conformément à l'ordonnance du 14 avril 1819, qui est rendue applicable à la rente 3 0/0

amortissable, les trésoriers-payeurs généraux recevront dans les départe-
tements les demandes d'achats et de ventes de cette valeur comme pour
les rentes perpétuelles. »

**Montant des
placements effectués
du 12 août au
5 septembre.**

Du 12 août au 5 septembre, il avait été placé pour un
capital de 80 millons de 3 0/0 amortissable. Le 12 août, les
demandes s'étaient élevées, disait-on, à 10 millions à peine.
C'était donc un échec que tous les journaux ne manquèrent
pas de relever très vivement. A cette époque, nous expliquions
ainsi qu'il suit les causes de cette défaveur : (1)

**Causes de la défaveur
de la rente
amortissable.**

**Le prix de placement
trop élevé.**

*1° Le prix de placement de la nouvelle rente, fixé à 80 fr. 50
a été trop élevé.*

« Nous ne reviendrons pas sur les critiques dont la première
négociation, faite au prix de 85 à 87 fr. a été l'objet: pris à l'im-
proviste par la brusque apparition sur le marché du 3 0/0 amortissable, déconcertés dans leurs calculs par le chiffre restreint de
l'émission, spéculateurs et rentiers ont éprouvé des mécomptes
tels que le Gouvernement crut bien faire en changeant le
mode de placement de la rente. De là, la circulaire aux trésoriers-généraux, circulaire que nous avons reproduite.

« Nous disons que le prix de placement fixé à 80 fr. 50 a été
trop élevé.

« En effet, le public ne met pas en doute les garanties
qui entourent la rente amortissable. Il sait que c'est une
rente d'Etat, jouissant des mêmes privilèges que ceux accordés
aux autres fonds nationaux. Il sait aussi que la rente amortissable divisée en coupures de 15 fr., n'est pas autre chose

---

(1) Voir le *Rentier du 17 août 1878.*

qu'une obligation de chemins de fer, garantie par l'Etat, ne payant aucun impôt, remboursable en 75 ans par voie de tirage au sort au prix de 500 fr.

« Mais le public, qui connait tous ces avantages a pensé que malgré tous ses attraits on lui faisait payer trop cher le nouveau titre.

« Le public sait compter : il s'est dit que lemême revenu *net* de 15 fr., coûte près de 40 fr. meilleur marché en obligations de chemins de fer, garanties par l'Etat, dotées d'un amortissement aussi rapide que le 3 0/0 amortissable.

« Pourquoi, dès lors, irait-il acheter à 80 fr. 50 ce qu'il peut se procurer à **76,77** ou **78** ?

2° *La circulaire du ministre des finances aux Trésoriers-généraux a été mal accueillie par le public, mal comprise, mal interprêtée.*

La circulaire aux
Trésoriers-Payeurs
mal comprise.

« Désireux, en effet, de remédier aux inconvénients qui lui avaient été signalés, le ministre des finances rénonçant au système des ventes à la bourse, annonçait que désormais la négociation des titres se ferait par l'entremise des Trésoriers généraux. Le ministre devait transmettre à la dernière heure, par le télégraphe, à chaque trésorier général le cours de vente fixé par lui. On espérait rendre ainsi les titres plus accessibles à l'épargne, favoriser leur classement, éloigner la spéculation et concilier les intérêts des capitalistes et de l'Etat. De plus, le ministre déclarait qu'il se réservait le droit « *d'accélérer, de ralentir, ou même de suspendre les émissions.* »

« Le public n'aime pas ces restrictions. Il se dit que, s'il demande des rentes amortissables pendant que le ministre en « accélère » le placement, il risque fort de les payer très cher,

car il est clair que le gouvernement n'aurait pas intérêt à
« *accélérer* » une vente faite à bas prix.

« Si, au contraire, le public demande des rentes amortissables
pendant que les émissions sont « ralenties ou suspendues » on
voit facilement qu'il court le risque de ne pas obtenir le chiffre
qu'il désire et même de ne rien avoir du tout ; conséquemment,
il s'expose à déplacer inutilement des capitaux.

« Il ne faut pas perdre de vue que les intérêts du public ne
sont pas ceux du Trésor et réciproquement. Quand ces deux
intérêts sont d'accord, tout est pour le mieux ; le grand talent
est de savoir les concilier tous deux, ce qui n'a malheureusement pas été fait pour la rente amortissable.

Mesures prises pour l'achat et la délivrance des titres.

*3° La troisième faute et la troisième cause de l'échec du 3 0/0
amortissable résident aussi dans les mesures prises pour l'achat
et la délivrance des titres.*

« Il faut d'abord donner son ordre d'achat en versant les
fonds ;

« Attendre l'avis du Trésor constatant que votre demande
est admise ;

« Revenir ensuite chercher un « récépissé *provisoire* au
porteur » dans un délai de dix jours ;

« Enfin, revenir encore *plus tard* (la circulaire ministérielle
n'indique pas le délai nécessaire) pour obtenir une inscription
définitive de rentes nominative ou au porteur, en échange du
récépissé provisoire.

Voilà bien des démarches, faisant perdre un temps précieux !

Encore si le petit capitaliste était assuré de trouver directement les titres qu'il veut obtenir, on passerait peut-être sur
ces inconvénients ; mais la protection que l'on croit lui donner

risque d'être rendue illusoire par les précautions que l'on prend.

« Pourquoi restreindre à un petit nombre d'agents l'autorisation de recevoir les demandes de rentes amortissables ?

« Pourquoi cette autorisation limitée aux Trésoriers-généraux n'est-elle pas étendue à tous les agents financiers du Trésor, sans exception, tels que les percepteurs des villes et des villages ?

« Pourquoi obliger l'habitant des campagnes qui désire acheter de la rente amortissable à se rendre au chef-lieu de son département pour s'adresser au Trésorier-général ?

4° *La quatrième cause de l'échec du 3 0/0 amortissable est incontestablement* — **non pas l'hostilité, comme on l'insinue** — *mais l'indifférence des banquiers à son endroit.*

« Nous admettons que l'Etat désire se passer d'intermédiaires ; qu'il ne veuille pas que la prime de ses emprunts puisse passer à des tiers, et qu'il tente de se l'assurer en entier ; mais nous pensons aussi que c'est une erreur de croire qu'en écartant systématiquement la haute banque on attire à soi le public et la clientèle des banquiers.

« Les capitalistes, avant de s'intéresser dans une affaire, prennent conseil de leurs banquiers, de leurs agents. Si toutes les institutions de crédit qui disposent, à l'heure actuelle, de plus d'un milliard appartenant à leurs clients, conseillaient ouvertement l'achat de la rente amortissable, croit-on, qu'un tel concours, qu'un tel appui serait à dédaigner et qu'il ne vaudrait pas celui des Trésoriers généraux ?

« A un autre point de vue, est-il bien politique de paraître mettre de côté les banques et les banquiers et de méconnaître les services qu'ils peuvent rendre, parce que l'on croit pouvoir se passer d'eux ?

« Est-on bien sûr de ne plus avoir besoin de leur concours ?

« A-t-on oublié les services que tous ont rendus lors de l'é-mission des grands emprunts nationaux ?

« A-t-on déjà oublié que la maison de Rothschild avait garanti le montant de la contribution de guerre de 200 millions que la Ville de Paris devait payer à l'Allemagne ?

« A-t-on déjà oublié que toutes les institutions de crédit, sur la demande de M. Thiers, s'étaient déclarées prêtes à garantir le paiement des derniers milliards de la rançon ?

« On peut être convaincu que les capitalistes et les rentiers prendront toujours part à une opération dans laquelle ils sauront que de grandes maisons de banque sont intéressées et qu'ils s'abstiendront lorsque ces mêmes maisons s'abstiendront...

« Nous pensons donc que, sans sacrifier ses intérêts, le Trésor ne peut pas, au prix d'une légère rémunération, négliger le concours précieux des maisons de banque. En obtenant cet appui, l'Etat aura mieux compris ses véritables intérêts qu'en persistant dans la voie qu'il a adoptée. »

V

Le concours des banquiers fut bientôt utilisé, pour le placement du solde de cette rente amortissable dont l'existence, depuis deux mois, avait été singulièrement agitée.

Le vendredi 20 septembre, le 3 0/0 amortissable clôturait à 80 fr. 15 c. Le samedi, à l'ouverture de la Bourse, on vit, non sans surprise, offrir, au cours de 79 fr. 75, c'est-à-dire avec 50 centimes de rabais, des quantités considérables de cette rente. A ce prix, le 3 0/0 amortissable parut sans doute digne de faveur aux financiers avisés, car en peu de temps, banquiers et établissements de crédit absorbèrent la grosse somme de rentes ainsi proposée. A la fin de la journée on assurait que l'emprunt était placé et, le 23 septembre, le *Journal Officiel* confirmait le fait en publiant l'avis suivant :

Ministère des Finances.

AVIS.

Le solde des rentes 3 0/0 amortissables créées par la loi du 11 juin 1878 ayant été négocié, le public est prévenu que la vente de ces valeurs pour le compte du Trésor est arrêtée à partir de ce jour.

Conformément à l'ordonnance du 14 avril 1819, les Trésoriers-Payeurs généraux continueront à recevoir dans les départements les demandes d'achats et de ventes 3 0/0 amortissable, pour être exécutées à la Bourse de Paris, par l'intermédiaire de la Chambre syndicale des agents de change, dans les mêmes conditions que les achats et ventes de rente perpétuelle. »

La quantité de 3 0/0 amortissable que le ministre se proposait de placer était donc dès lors dans la circulation.

Et le *Journal des Débats*, dans sa revue financière de la semaine, contait très spirituellement l'aventure de cette vente en bloc du solde de la nouvelle rente.

« *La spéculation*, disait-il *qui boudait le 3 0/0 amortissable*,
« qui le critiquait amèrement, qui le déclarait impossible, *a*
« *mordu à l'hameçon* avec une terrible avidité. Courtiers,
« banquiers, établissements de crédit couraient après. On
« avait beau être un gros monsieur et avoir tourné le dos à

Comment le Journal
des Débats en fit le
spirituel récit.

« l'amortissable, *on arrêtait les commis d'agents de change*
« *au collet pour leur donner des ordres d'achat.* Finalement,
« l'Emprunt a passé par masses en très bonnes mains. Les
« noms des preneurs volaient de bouche en bouche. On les
« imitait en riant, et ils riaient eux-mêmes de leur conver-
« sion ».

Les 450 millions de la première émission étaient donc
placés ; les banquiers étaient détenteurs de la plus grosse
partie. Quand on apprit que le Ministre des Finances
avait négocié ses rentes, on s'étonna de la précipitation
qu'il avait mise à le faire, alors que quelques jours auparavant on le critiquait sur le peu d'empressement du public à apporter ses fonds.

M. Léon Say avait sagement agi : une note du *Journal des
Débats*, expliquait, en quelques mots, les raisons qui l'avaient
décidé à se hâter :

Pourquoi le Ministre des Finances s'était tant hâté.

« On aurait dû prendre garde, disait ce journal, à la décision du Ministre qui n'a émis ainsi son solde de 3 0/0 amortissable que par un acte de prévoyance fondé sur ce qu'il aperce-
vait autour de lui à l'étranger. Il avait bien jugé à l'avance
la crise anglaise, et particulièrement la nécessité des expédi-
tions d'or contre l'entrée des grains. Or, le Ministre doit connaître mieux que personne le déficit de notre propre récolte,
et c'est là un événement avec lequel il faut toujours compter de bonne heure ».

Critiques à la Chambre des députés

Plus tard, au mois de novembre, au cours de la discussion
générale du budget, un député, l'honorable M. Haentjens re-
nouvela incidemment les diverses critiques dont la création
et l'émission de la rente amortissable avaient été l'objet. Il re-
procha à M. Léon Say d'avoir, pour une opération qui exige
la plus grande clarté, imaginé un nouveau fonds dont le public

ne pouvait et n'avait pu calculer exactement la valeur réelle. Il blâma aussi la façon dont s'était effectuée l'émission de cet emprunt et les circonstances qui l'avaient accompagnée ou suivie.

Le Ministre des Finances se défendit d'avoir rien inventé. Réponse du Ministre. Il a simplement, a-t-il dit, mis en vente des obligations de chemins de fer semblables à celles qu'ont depuis longtemps créées les Compagnies. *Si la valeur du nouveau fonds a été mal calculée, c'est que le public n'avait pas apprécié ce que le 3 0/0 amortissable doit être sur le marché public.* Cette opération, dans l'esprit de M. Léon Say, ainsi qu'il l'avait déjà affirmé ailleurs, était *une des plus avantageuses* qui eussent été effectuées par l'Etat *depuis* 1844. Le taux auquel l'emprunt avait été placé, 4,44 lui paraissait très réduit et inférieur aux prévisions que l'on avait formées. Enfin M. Léon Say déclinait toute responsabilité dans la baisse qui s'était produite sur la nouvelle rente et qu'il convenait attribuer à l'influence qu'avaient eue sur tous les fonds publics en général les impressions venues du dehors.

VI

Pendant les deux années 1879 et 1880 il ne fut effectué au- M. Magnin succède à cune émission nouvelle de rentes amortissables. A M. Léon M. Léon Say. Say, avait succédé, aux finances, M. Magnin, sénateur, et, dès son arrivée aux affaires, le public s'était demandé s'il adopterait, ainsi que son prédécesseur, la rente amortissable comme type de rentes à émettre.

Dès les premiers jours de l'année 1880, on pensa qu'une émission était très prochaine. On avait beaucoup remarqué, dans la déclaration ministérielle du 16 janvier, les paroles suivantes de M de Freycinet : « *Le pays est engagé dans*

« *l'exécution d'un vaste programme de tra« vaux publics*. Ce
« sera l'honneur de la République de le mener à bonne fin.
« Le gouvernement, pour sa part, s'y consacrera avec per-
« sévérance ».

Une affirmation si catégorique avait une autorité particu-
lière, émanant du Président du Conseil qui, naguère encore,
Ministre des Travaux publics, présentait au parlement le vaste
programme dans l'exécution duquel aujourd'hui, selon ses
propres paroles, « *le pays est engagé* ».

De son côté, le nouveau Ministre des Travaux publics en prenant possession de ses fonctions déclarait qu'il n'avait accepté
la tâche de poursuivre la réalisation de ce programme qu'a-
près s'être assuré les conseils et l'appui de son prédécesseur.
On devait donc s'attendre à voir imprimer une impulsion énergique aux travaux entrepris ou projetés.

Le concours du ministre des finances ne pouvait faire défaut à ses collègues et, dès lors, une émission de rentes amortissables paraissait imminente. Pendant tous les mois de jan-

vier et de février, le monde financier se prépara à cet emprunt.
Dans les premiers jours de février, la Chambre des Députés
avait voté un projet de loi portant modification au budget des dépenses sur les ressources extraordinaires de l'exercice 1880. Les
nouveaux crédits demandés s'élevaient à 615 millions et l'article 14 du projet de loi avait autorisé le Ministre des Finances
à se procurer ces capitaux « *au moyen du produit de la négo-*

« *ciation de valeurs conformes à celles dont la création a été au-*
« *torisée par la loi du 11 juin 1878.* »

Or, les valeurs dont la création a été autorisée par la loi du
11 juin 1878 n'étant autres que la rente amortissable, la
Bourse concluait, de ce fait, qu'une émission était à la veille
de s'effectuer.

Cette émission ne devait cependant avoir lieu que bien plus tard, au commencement de l'année 1881. Et, au mois de juillet 1880, le Ministre des Finances déclarait qu'aucune émission n'aurait lieu dans le cours de cette année.

Voici dans quelles circonstances l'honorable M. Magnin fut amené à faire cette déclaration. Dans la séance du 2 juillet 1881, à la Chambre des Députés, M. Magnin avait tenu à démontrer que le dégrèvement des droits sur les sucres et sur les vins ne pouvait exercer aucune influence dangereuse sur l'équilibre de nos budgets. L'honorable M. Magnin avait tracé, à cette occasion, un tableau très rassurant de la situation des finances et insisté sur l'abondance des ressources du Trésor, abondance qui lui permettait de reculer l'éventualité toujours prévue, d'une émission plus ou moins prochaine de rente 3 0[0 amortissable. Voici en quels termes le Ministre des Finances s'était exprimé à cet égard :

« Nous sommes au 2 juillet 1880 et pas un centime de rente 3 0[0 amortissable n'a été émis cette année en sus de la rente émise en 1878. Je puis donc dire — et lorsqu'une déclaration telle que celle que je vais faire à cette tribune sort de la bouche du ministre des finances, c'est qu'elle a été sérieusement méditée et qu'elle est pour lui non seulement l'expression d'un espoir, mais même d'une certitude — je puis donc dire que ces 27 millions, que vous avez destinés au paiement des annuités de l'émission de 1880, ne me serviront pas, parce que je n'émettrai pas de 3 0[0 amortissable en 1880, ayant l'assurance, que les ressources du budget suffiront à parer aux besoins du compte de liquidation et des grands travaux publics. »

Ces paroles devaient modifier sensiblement les impressions des capitalistes qui tenaient toutes prêtes les ressources néces-

La spéculation profite de cet ajournement de l'emprunt.

saires pour souscrire à l'emprunt qu'on attendait. Cet emprunt étant retardé, les capitaux disponibles furent sollicités de toutes parts. C'est à partir du mois de juillet 1880 surtout que la spéculation se donna libre carrière. Si l'emprunt en rentes amortissables avait été effectué en 1880, bien des capitaux qui sont allés s'engloutir dans des affaires aléatoires auraient été épargnés, sauvés.

Les cours de l'amortissable.

Au commencement de l'année 1880, le 3 0/0 amortissable était bien près de 83 fr. Au mois de juillet, il était à 87 fr. Dans le cours de cette même année, il devait s'élever à **89 fr. 30**, prix qu'il n'a plus revu depuis Pendant l'année 1879 les cours extrêmes du 3 0/0 amortissable avaient été de 79 fr. au plus bas et de 81 fr. 80 au plus haut. L'année 1880 permettait non seulement d'effectuer l'emprunt dans d'excellentes conditions, mais cette émission eût servi de dérivatif à cette fièvre de spéculation, qui devait si cruellement sévir dans tout le pays. Cette opération ne fut réalisée qu'au mois de mars 1881, à 83 fr. 25, bien au dessous des prix auxquels elle aurait pu être faite de janvier à juillet 1880.

L'emprunt cependant était inévitable.

Nécessité d'effectuer au plus tôt cette opération.

Au mois de janvier 1881, nous insistions très vivement pour que cette grande opération ne subît plus aucun retard.

Situation des finances

« La situation des finances et du crédit de l'Etat, écrivions-nous le 17 janvier 1881 (1), est donc, en somme, très favorable actuellement à la réalisation d'une grande opération financière et l'on ne voit pas, de ce côté, quelle préoccupation grave pourrait déterminer une hésitation prolongée ou une circonspection excessive.

« Tout, au contraire, semble devoir inspirer au gouvernement, sinon l'audace, la chose ne la comporte pas, mais la

_____

(1) Voir le *Rentier* du 17 janvier 1881.

résolution. Le moment est incontestablement propice à l'émission d'une importante quantité de rentes amortissables.

« Une masse considérable de capitaux, lassés en quelque sorte d'être restés longtemps sans emploi, s'est mise en mouvement. *Capitaux disponibles.*

« Il serait regrettable qu'un entraînement irréfléchi vers des valeurs étrangères douteuses, enlevât au pays, à son industrie, à son commerce, des ressources qui, à un moment donné, pourraient lui être nécessaires. Il serait donc sage et habile de chercher à retenir en France des éléments d'action aussi précieux. A ce point de vue, l'utilité et l'opportunité d'un appel de l'Etat aux capitalistes ne sauraient être contestées.

« On voit, d'autre part, que l'Etat a des besoins réels et urgents. Pour y faire face, en continuant à ajourner l'émission prévue, il est obligé de recourir à des opérations de trésorerie qui n'échappent pas à toute critique. *Sans doute la création de bons du Trésor est un procédé commode qui peut être utilement employé pour subvenir à des besoins limités et à des dépenses passagères. Mais on ne doit pas fermer les yeux sur les dangers d'un développement excessif de la dette flottante, sur la nécessité de n'en point surcharger les échéances et sur l'avantage marqué qu'offre un emprunt à long terme substitué à des emprunts partiels à court terme contractés au même taux.* C'est là une considération qu'aucun esprit pratique ne saurait négliger. La nécessité même dans laquelle le Trésor se trouve de recourir à ce procédé financier quelque peu élémentaire avertit le ministre de l'opportunité, sinon de l'urgenc., d'une nouvelle émission de rentes 3 0/0 amortissable. *Besoins de l'Etat.*

« On peut, il est vrai, alléguer que des cours plus élevés peuvent être encore réalisés dans un temps plus ou moins prochain et qu'il serait plus avantageux pour l'Etat de les attendre *Cours élevés des rentes.*

et d'en profiter. Mais, ici, qu'on prenne garde : on court grand risque de tomber en pleine illusion. Sans doute les cours actuels peuvent s'améliorer, sans doute la hausse peut n'avoir pas dit son dernier mot, et il faut le désirer.

« Mais est-il raisonnable d'espérer placer la rente nouvelle au cours le plus élevé ?

« Croit-on même que le placement s'en effectuera avec bonheur si le souscripteur ou l'acheteur ne voit pas devant lui une certaine perspective de bénéfices, une certaine marge de hausse? Assurément non, et il faut souhaiter, pour le succès de l'émission attendue, qu'elle s'effectue avant que le maximum probable des cours soit atteint.

« Or, on ne saurait nier que les cours acquis soient réellement très élevés, qu'ils le soient du moins assez pour assurer la conclusion d'un large emprunt à un taux fort satisfaisant pour l'Etat. Les avantages qu'offre la situation actuelle sont à peu près sûrs ; il serait imprudent de les sacrifier à des espérances exagérées et dont la réalisation est tout à fait problématique.

« Rien ne saurait donc motiver l'ajournement prolongé d'une mesure à laquelle on devra d'ailleurs recourir dans l'année. Rien ne garantit qu'une heure plus propice se présentera pour effectuer cette opération. Tout, au contraire, convie le gouvernement à se hâter et à mettre à profit les excellentes conditions d'un marché admirablement préparé.

« Les capitaux disponibles sont abondants ; les banques, les capitalistes, le public tout entier appellent des affaires ; les rentes sont à haut prix, l'argent est encore à bon marché : que peut-on désirer de plus, que peut-on attendre de mieux ? »

Quelques jours après, nous insistions encore sur l'opportunité de cette émission. Nous faisions remarquer les nombreux appels faits aux capitaux français, en France et à l'étranger, et nous disions :

Les appels aux capitaux français et étrangers.

« Est-il bien prudent d'attendre que tous les gouvernements étrangers, que toutes les entreprises industrielles ou financières, étrangères ou françaises, aient absorbé une grande quantité des capitaux flottants et disponibles, pour venir, ensuite, offrir sur le marché une série importante de rentes amortissables ?

« Est-il bien prudent de ne pas profiter des circonstances actuelles, alors que les rentes se négocient presque à leurs plus hauts cours, alors que les Caisses d'Epargne regorgent de capitaux, alors qu'il y a plus d'un milliard de disponible dans les caisses des grands établissements financiers, se contentant d'une maigre rémunération de 1/2 à 3/4 0/0 ?

Les Caisses d'épargne

« Est-il bien prudent de courir la chance des événements politiques qui peuvent, au printemps, se produire à l'extérieur, et, en admettant que ces éventualités ne se produisent pas, de faire une émission presque au lendemain de la dissolution des Chambres, presque à la veille des élections générales ?

Les éventualités politiques.

« Ce sont là des questions qu'il appartient au gouvernement seul de résoudre. Le Ministre des Finances est mieux à même que qui que ce soit de juger de l'opportunité des mesures à prendre. Mais il n'est pas douteux que de nombreuses raisons militent en faveur d'une émission de rentes amortissables dans le délai le plus rapproché.

« Il serait, en effet, permis de s'étonner de la contradiction qui se manifesterait entre les prévisions du Ministre des affaires Etrangères et celles du Ministre des Finances. Le pre-

Affaires étrangères ; affaires françaises.

mier, en effet, s'est attaché à montrer dans une circulaire qui a été fort commentée combien pourraient être graves les conséquences d'une guerre qui éclaterait vraisemblablement dès le mois d'avril si la Grèce n'accueillait pas les propositions d'arbitrage. Comment supposer, dès lors, que le Ministre des Finances ajournât après une époque, considérée comme si décisive par le gouvernement lui-même, une opération dont le succès est certain aujourd'hui, et serait évidemment fort douteux si la guerre était déclarée au printemps ? Pourquoi attendre ce mois d'avril que l'on semble redouter comme le Cap des Tempêtes ?

L'argent est prêt.

« L'argent est prêt; on n'a qu'à se baisser pour le recueillir, et pour l'obtenir dans des conditions qu'on ne retrouvera peut-être pas. A quoi bon différer ? (1) »

Le Ministre des Finances avait, du reste, formellement réservé, dans une déclaration qu'il avait faite à la Chambre, la complète liberté d'action du gouvernement pour l'émission de la rente amortissable.

Répondant à une interpellation de M. Haentjens, voici dans quels termes, le 20 janvier 1881, M. Magnin s'était exprimé :

Le ministre se réserve sa liberté d'action.

« *M. le Ministre des Finances.* J'ai dit à la Chambre que je réservais la complète liberté d'action du Gouvernement........ (Très bien ! à gauche et au centre) pour l'émission de l'emprunt, que les lois existantes m'autorisent à faire quand cela sera nécessaire.

« J'ai dit que le Ministre des Finances choisirait son jour et son heure et s'inspirerait des circonstances.

---

(1) *Les appels aux capitaux et la rente amortissable.* — *Le Rentier* du 27 janvier 1881.

« Je n'ai indiqué aucun délai, je n'ai pas dit que je le ferais prochainement ou que je le ferais tardivement. La Chambre a compris ma réserve, et le pays la comprendra aussi, et très certainement malgré ce qu'a dit l'honorable M. Rouher, — que je remercie toutefois des paroles bienveillantes qu'il a bien voulu m'adresser, — ni la Chambre, ni le pays ne comprendront que le Ministre des Finances ait renoncé à faire l'emprunt ou qu'il soit décidé à le faire prochainement. J'ai maintenu ma liberté d'action complète et absolue ; je le répète, je choisirai mon jour, mon heure.

« Voilà ce que j'ai déclaré ; je n'ai rien à ajouter, et toute autre interprétation de mes paroles serait une interprétation erronée. (*Applaudissements à gauche et au centre.* »

VII

Enfin, le 8 mars 1881, *le Journal Officiel* contenait un décret du Président de la République autorisant un emprunt de 1 milliard en rentes 3 0/0 amortissables.

Le *Journal Officiel*
annonce l'emprunt.

A la suite de ce décret se trouvait l'arrêté ministériel fixant les conditions de l'emprunt.

La souscription devait être ouverte un seul jour, le jeudi, 17 mars 1881, aux caisses publiques, receveurs et percepteurs, trésoriers-payeurs, receveurs particuliers des finances.

Les conditions de la
souscription
publique.

Le prix d'émission était fixé à 83 fr. 25 par 3 fr. de rentes, payables par cinquièmes.

Le premier versement était de 16 fr. 65. Il pouvait être provisoirement remplacé par un dépôt de titres, rentes ou valeurs émises par l'Etat.

Les titres aux noms des mineurs, femmes mariées, n'étaient pas admis.

Le Ministre se réservait le droit de statuer, en ce qui concerne les fractions de 15 fr. de rente qui résulteraient de la réduction proportionnelle.

Comment s'est effectué l'emprunt.

Les conditions dans lesquelles l'emprunt s'effectua appellent quelques réflexions.

Les petits capitalistes et rentiers eurent de grandes difficultés pour souscrire ; aussi, le nombre des petits souscripteurs fut-il moins élevé que lors des précédents emprunts.

L'oubli des Caisses d'épargne.

Les Caisses d'épargne n'avaient reçu aucune instruction pour recevoir les souscriptions. L'oubli était grave. Il s'agit là cependant d'une classe très intéressante, à coup sûr très digne d'intérêt. Ceux qui déposent des fonds à la Caisse d'épargne et qui convertissent ces fonds en rentes sur l'Etat, ne sont pas des spéculateurs qui achètent ou souscrivent des titres pour les revendre et bénéficier d'une prime ; ce sont des gens d'épargne qui ne considèrent que la sécurité de leur placement et le revenu qu'ils peuvent en tirer. L'arrêté ministériel les avait oubliés !

A Paris, les Caisses d'épargne ne recevaient pas de souscriptions. Dans plusieurs villes de province, les Caisses ont été ouvertes, deux jours avant l'ouverture de la souscription à l'emprunt, pour remettre les fonds à ceux qui désiraient souscrire et, comme les Caisses d'épargne n'acceptaient pas les souscriptions, les porteurs de livrets qui retiraient leurs fonds étaient ensuite obligés d'aller verser ces mêmes fonds, soit chez le percepteur, soit chez le receveur des finances, soit chez le trésorier-payeur.

Pourquoi donc avoir rendu si difficiles les souscriptions des déposants aux Caisses d'épargne ? L'Etat n'a-t-il pas là une clientèle constante, fidèle ? Et n'aurait-il pas mieux valu, dans l'intérêt même du crédit public, que les rentes nouvelles.

eussent été disséminées dans le plus grand nombre de mains possible, plutôt que d'être restées en réserve dans les caisses de quelques gros capitalistes, Institutions de crédit ou Compagnies d'assurances ? Ces rentes auraient été mieux placées entre les mains de plusieurs centaines de mille de rentiers qu'entre celles d'un petit nombre de capitalistes toujours tentés de vendre lorsqu'ils peuvent, au moment opportun, réaliser quelque bénéfice ?

Du reste, les déposants aux Caisses d'épargne ne furent pas les seuls qui ne purent souscrire aussi facilement qu'ils l'auraient désiré ; le plus grand nombre de détenteurs de rentes mixtes ou nominatives éprouva de grandes difficultés pour le faire. Beaucoup de rentiers ont leurs titres déposés, soit à la Banque, soit dans les caisses de plusieurs établissements financiers. Or, les établissements financiers n'étaient autorisés à souscrire avec des titres nominatifs qu'autant que la signature des titulaires était légalisée par un officier ministériel; à défaut de cette légalisation, le titulaire d'un titre nominatif était obligé d'aller lui-même souscrire et déposer son titre au Trésor.

Difficultés de souscription pour les petits rentiers.

Les titres de rentes appartenant à des mineurs n'étaient pas acceptés en garantie des souscriptions à l'emprunt. Cette mesure, parfaitement légale, du reste, devait, elle aussi, provoquer beaucoup de mécontentements.

Les mineurs.

Il arrive fréquemment qu'un père de famille, voulant constituer une dot à ses enfants, achète pour eux des rentes qu'il fait immatriculer en leur nom. Pourquoi donc ces enfants, qui possèdent des titres de rentes sur l'Etat inscrits à leur nom, ne pouvaient-ils, sous la responsabilité légale de leur père, souscrire à l'emprunt ? Si leurs titres avaient été au porteur, rien n'eût été plus simple ni plus facile ; leurs titres étant nominatifs, leurs souscriptions ne pouvaient être admises. Pourquoi encore cette exclusion ?

Si l'on veut bien remarquer, par exemple, que les titres de rentes achetés par les Caisses d'épargne sont tous nominatifs ; que les titulaires de ces comptes sont, pour la plupart, des enfants, des femmes, des ouvrières, on reconnaîtra que ces mesures durent causer de nombreux mécontentements, bien qu'elles fussent, nous le répétons, absolument légales.

Les dépôts de garantie. De vives critiques ont été élevées contre l'admission des titres de rentes et des bons du Trésor comme dépôt de garantie. Ces critiques étaient, pour la plupart, le résultat d'une erreur matérielle. On a cru que l'Etat admettait qu'on pût souscrire avec des titres de rente ou des bons ; il n'en était rien ; le dépôt de ces titres était, non pas un versement effectif, *mais un gage du versement* à opérer à la répartition. Cette mesure, qu'on a fort blâmée, bien à tort, eût du, au contraire, être considérée comme très libérale. Elle avait évidemment pour but de favoriser les rentiers modestes peu pourvus de capitaux et de prévenir des ventes regrettables et inutiles qui se produisaient à chaque nouvel emprunt : les détenteurs de rentes vendaient, en effet, une partie de leurs titres pour pouvoir souscrire la plus grande quantité possible d'emprunt nouveau, de telle sorte qu'il se produisait un déclassement marqué et une baisse notable des anciennes rentes. En remédiant à cet inconvénient, la mesure, mal à propos critiquée, contrebalançait en outre l'action excessive des détenteurs de gros capitaux.

Les souscriptions de l'étranger. Les souscriptions venues de l'étranger furent moins nombreuses qu'on ne le pensait. L'Angleterre souscrivit une fois et demi l'emprunt ; mais la plupart de ces demandes étaient des souscriptions françaises déguisées, faites pour compte de banquiers français.

D'après le taux du change, les arbitragistes avaient intérêt à faire passer leurs souscriptions au Trésor par la voie de l'agence française du gouvernement établie à Londres.

Quant aux souscriptions émanant des autres pays, elles furent peu importantes, parce que le Trésor français n'avait pas indiqué les maisons de banque ou les correspondants du Trésor qui auraient pu, dans les villes étrangères, comme lors des emprunts 1871 et 1872, recevoir et transmettre les souscriptions.

Si les petits capitalistes avaient eu toutes les facilités désirables pour souscrire, si la souscription avait été ouverte dans les grands centres financiers européens, si les Caisses d'épargne françaises avaient apporté leur contingent de souscripteurs, les demandes de rentes eussent été colossales ; et l'on ne sait comment l'emprunt aurait pu être réparti.

L'emprunt fut couvert quinze fois. Ce chiffre parut au monde des affaires et de la finance moins élevé qu'on ne l'avait cru jusqu'au dernier moment. Bientôt on connut exactement le résultat de l'emprunt par le rapport de M. Magnin à M. le Président de la République, sous la date du 25 mai 1881.

Les grosses souscriptions dépassaient de beaucoup les petites. Il y avait 237,657 souscriptions de 15 fr. de rentes et 52490 souscriptions de 30 à 210 fr. de rentes. Il fut attribué, sur les 36,034,860 fr. de rentes à créer, 4,352,205 fr. de rentes à ces petits souscripteurs. Il restait 25298 grosses souscriptions entre lesquelles fut réparti le solde de l'emprunt soit 31.682,655 fr. de rentes. L'emprunt était souscrit, mais il n'était pas classé ; pendant longtemps encore, cet emprunt devait peser sur le marché.

A l'heure actuelle, tout l'emprunt est bien payé au Trésor, sauf une somme insignifiante, mais ce sont les banquiers, les grands établissements financiers qui détiennent la majeure partie des titres qu'ils ont souscrits lors de l'émission.

A la séance de la Chambre du 12 décembre dernier, l'honorable M. Tirard, ministre des Finances, s'exprimait ainsi au sujet de cet emprunt de M. Magnin : «

« On a dit : Cet emprunt d'un milliard n'a pas réussi ; il n'est pas classé encore ; il reste 600 millions de titres flottants.

Ce que pense de cet emprunt M. Tirard,

« C'est possible. Je ne sais pas si les titres sont tous classés ; mais ce que je sais, c'est que la souscription a réussi et beaucoup trop bien réussi. *Si les spéculateurs qui ont profité de la façon dont l'emprunt pouvait être souscrit pour accaparer à eux seuls la presque totalité de l'emprunt,* eussent laissé les petits capitalistes, les petits souscripteurs venir aux guichets, ces petits souscripteurs auraient plus que suffi pour prendre la totalité de l'emprunt. (*Très bien ! très bien !*) Ils n'ont pas pu le faire.

« Ils n'ont pu avoir qu'une seule obligation de 15 fr. Or, vous comprenez qu'ils se soient ennuyés, qu'ils se soient fâchés, qu'ils aient regretté le temps perdu, les dépenses qu'ils avaient faites pour se procurer de l'argent, vendre d'autres valeurs, faire des arbitrages. Quand la spéculation, qui les avait prises pour les céder ensuite à prime, les leur a offertes, ils ont répondu : « Non, gardez-les ! » Les spéculateurs les gardent.

« Voilà comment il se fait que la souscription et la réalisation ont réussi ; une chose n'a pas réussi, c'est la spéculation. (*Très bien ! très bien !*)

« L'Etat n'a pas eu à s'en plaindre, car à l'heure actuelle tout l'emprunt est payé, sauf une somme insignifiante.

Ainsi donc cette émission d'un milliard faite par l'honorable M. Magnin a parfaitement réussi, quoi qu'on en dise. »

Les paroles de l'honorable M. Tirard sont parfaitement justes ; nous nous permettrons cependant une courte observation. La spéculation et les spéculateurs, en essayant d'obtenir la plus grande partie de l'emprunt, en profitant de « la façon « dont l'emprunt pouvait être souscrit *pour accaparer à eux seuls la presque totalité de l'emprunt* » étaient dans leur rôle et dans leur droit.

C'était au gouvernement qu'incombait le soin de prendre les mesures nécessaires pour que les petits capitalistes, les petits souscripteurs, « *ces petits souscripteurs qui auraient plus que suffi pour prendre la totalité de l'emprunt* » pussent le faire. L'arrêté de M. le Ministre des Finances, M. Magnin, comme nous le faisons remarquer plus haut, rendait les souscriptions presque inabordables pour les petits capitalistes. Ils ne pouvaient souscrire aux caisses d'Epargne ; les petites souscriptions de 15 fr. étaient presque refusées ; on prenait bien soin de se réserver le droit de les rejeter. Il n'y a donc pas lieu de s'étonner que la spéculation ait pu se procurer plus de titres que l'épargne et, disons-le aussi, plus de titres qu'elle n'en désirait ; un tel résultat était inévitable. L'Etat est rentré dans le montant intégral de son emprunt, c'est vrai ; mais il n'est pas moins vrai que le non-classement du dernier emprunt a empêché la hausse de ce titre jusqu'à ce jour, et est encore une des causes principales de l'écart insignifiant qui existe entre ses cours et ceux du 3 0/0 ancien. Si plus tard le gouvernement doit recourir à des émissions publiques de rentes amortissables, il agira sagement en facilitant davantage les petits capitalistes un peu trop sacrifiés lors de l'émission de 1881.

VIII

Résumé des divers
modes d'émission.

Résumons maintenant les divers modes d'émission employés pour le placement de la rente amortissable depuis le mois de juillet 1878 jusqu'à ce jour.

1° Première phase, **17** *juillet* 1878, vente, *en bourse, au cours coté,* par l'entremise des agents de change, pour un capital d'environ 30 millions.

2° Deuxième phase : **12** *août* 1878, *vente, au prix fixe* de 80 fr. 20 par l'entremise des Trésoriers Payeurs, receveurs des Finances.

3° Troisième phase : **17** *août* 1878, *vente, au cours moyen de la veille de la bourse de chacune des demandes* par l'entremise des mêmes agents financiers du Trésor.

4° Quatrième phase : **21** *septembre* 1878, *vente, en bourse, au cours du jour,* du solde de la première émission autorisée par la loi du 11 juin 1878.

5° Cinquième phase : **17** *mars* 1881, *émission publique, par voie de souscription,* d'un capital de 1 milliard de rentes amortissables.

Ce qu'ont produit ces
emprunts.

La première émission, réalisée en quatre fois, par quatre modes différents, du 17 juillet 1878 au 21 septembre 1878 comprenait 16,500,000 fr. de rentes qui ont produit, en capital 439,846,993 francs, soit environ un demi-milliard. Les taux auxquels ces opérations, comprises dans cette première émission, ont été effectuées ont été de 84 fr. 8716 pour la première partie ; 80 fr. 20 pour la seconde et la troisième partie ; 79 fr. 75

pour le solde. Le prix moyen d'émission a été pour le Trésor, d'après les déclarations mêmes de M. Léon Say, de 80 fr. (1)

Les 36 millions de rentes émises en mars 1881 par M. Magnin ont produit 999,900,000 fr. c'est-à-dire près d'un milliard et le taux moyen a été de 83 fr. 25. Les frais d'émission de l'emprunt de 1881.

Nous n'avons pas le détail des frais d'émission du premier demi-milliard émis en 1878. En ce qui concerne ceux de l'emprunt de mars 1881, il résulte des termes d'une communication faite à la Chambre des Députés par l'honorable M. Magnin, que ces frais se sont élevés à 768,000 fr. répartis de la manière suivante :

Travaux extraordinaires, indemnités aux agents ordinaires, salaires d'employés auxiliaires . . . . . . 45.000 fr.

Frais d'imprimés. 60.000

Planches fixées pour les titres 82.300

Achat de machines pour numérotage des titres. 38.700

Frais divers de matériel 76.000

Courtage. 421.000

Publicité. 45.000

Total. 768.000

Le montant de ces frais représentait 17 centimes pour 100 fr. du capital emprunté, taux bien inférieur à celui des précédents emprunts. Les frais d'émission du 5 0/0 s'étaient élevés en 1871, pour l'emprunt de deux milliards, à 1 fr. 57 pour 100 fr. et, en 1872, à 1 fr. 18 pour 100 fr. pour l'emprunt de 3 milliards.

Le nombre de titres de rentes amortissables cotés à la Bourse de Paris s'élève à 52,528,545 fr. de rentes. Ces titres négo- Le nombre de titres amortissables cotés à la Bourse.

______

(1) *Journal officiel* du 21 décembre 1882 p.1174 2ᵉ colonne.

ciables comprennent d'une part les 16 1/2 millions de rentes émis en 1878 par M. Léon Say ; d'autre part, les 36 millions de rentes émis par M. Magnin.

En dehors de ces rentes amortissables admises à la cote officielle, il en a été remis un solde, à la caisse des Dépôts et Consignations à 79 fr. (1).

De l'augmentation future des émissions d'amortissable. Le projet de budget de 1883 autorise la consolidation de la dette flottante jusqu'à concurrence de 1,200,000,000 par la remise aux caisses d'épargne d'une même somme en 3 0/0 amortissable.

Enfin, on peut prévoir pour 1883 ou 1884 — le plus tôt sera le mieux, à notre avis, — un nouvel emprunt d'un milliard en rentes amortissables pour satisfaire aux besoins du Trésor. On peut donc dire que fin 1884, le capital émis en rentes amortissables atteindra bien près de 4 milliards représentant une charge d'intérêts annuels d'au moins 150 millions : 52 1/2 millions pour les emprunts actuellement cotés ; 48 millions pour l'emprunt de consolidation des 1,200 millions ; 52 millions pour les emprunts à prévoir.

Le rôle assigné à cette rente. Ces chiffres indiquent suffisamment quel développement

---

(1) « Cette négociation à la caisse de Dépôts et Consignations, quant au cours, n'avait pas, à mes yeux, beaucoup d'importance, et voici pourquoi : c'est que l'Etat était condamné à servir 4 0/0 à la caisse de Dépôts et Consignations, et que l'Etat eût servi à cette caisse 4 0/0 sur son compte courant ou sur ses rentes c'était à peu près la même chose.

« Dès lors, le cours n'avait guère besoin d'être discuté ; ce qui était plus important, c'était qu'il fût inférieur au cours de la négociation pour rentrer dans la loi de 1837 et pour mettre la caisse de Dépôts et Consignations exactement dans une situation au moins équivalente à celle où elle se serait trouvée si elle était venue chercher des rentes sur le marché. Il fallait leur donner un cours moyen, égal ou même inférieur à celui des dernières négociations. Voilà pourquoi nous avons adopté M. Dufrayer et moi, ce cours de 79 fr. (Extrait du discours de M. Léon Say au Sénat le 21 décembre 1882. *Journal Officiel, page 1174 in fine.*)

— 77 —

considérable a été donné à ce nouveau type d'emprunt, développement que peu de personnes soupçonnaient lorsque sa
création fut décidée.

N'étions-nous pas dans la vérité quand, dès 1878, nous indiquions les vues et les projets d'avenir de la majorité des
Chambres sur le 3 0/0 amortissable ? « Ce qui nous inquiète,
écrivions-nous, c'est le rôle que l'on paraît vouloir assigner au
3 0/0 amortissable dans la dette future.

« Il semble en effet qu'on veuille « *faire un sort* » excep-
tionnel, magnifique à ce nouveau type de rente.

« Des journaux dont les attaches ministérielles sont connues, d'autres qui traduisent ordinairement la pensée des
chefs reconnus de la majorité, ont fait une campagne énergique en faveur du 3 0/0 amortissable, campagne bien inutile s'il ne s'agissait que d'assurer le succès de l'emprunt qui
vient de se produire, succès qui était certain et qui eût été
immense si on l'avait émis publiquement. Cette campagne
avait donc un autre but.

« Le nouveau type de rente n'était plus seulement le titre
séduisant qui devait rendre cet emprunt facilement réalisable,
*il devait servir désormais aux emprunts futurs, c'était le titre
de l'avenir* (1) ».

Nous disions, plus haut, que fin 1884, le capital émis de
3 0/0 amortissable atteindrait bien près de 4 milliards ; avec
les charges résultant de l'exécution des travaux Freycinet, des
emprunts à faire par la Caisse des Ecoles, des compléments
de crédit à accorder aux comptes de liquidation, sans parler
des dépenses imposées, il ne s'écoulera pas beaucoup d'années
avant que ces 4 milliards ne soient facilement augmentés du

double. C'est bien, comme nous le disions dès ses débuts, le titre de l'avenir.

Les plus hauts et les plus bas cours depuis 1878. En terminant ce chapitre, il ne sera pas sans intérêt de relever les plus hauts et plus bas cours cotés sur la rente amortissable depuis sa création et son admission à la cote.

En 1878, son plus haut cours fut de 87 fr. au mois de juillet. En octobre, elle cotait 77 fr. 25. En décembre son plus haut prix fut 80 fr. et son plus bas cours 79 fr. 15.

Pendant l'année 1879, les plus hauts cours cotés furent 86 fr. 80 en septembre ; les plus bas, 79 fr. en janvier.

En 1880, le plus bas prix fut 82 fr. 85 coté en janvier ; les plus hauts cours furent 89 fr. 30, en septembre. Fin décembre, on cotait comme prix extrêmes 87.55 et 86.90.

En 1881, le cours le plus bas fut 83 fr. 80 en avril ; le cours le plus élevé, 89 fr. en juin.

En décembre 1881, on cotait 86 fr. 60 au plus haut et 85 fr. au plus bas.

Enfin, pendant l'année 1882, le plus haut prix fut de 85 fr. en janvier ; le plus bas, 80 fr. 10 en décembre.

Les cours actuels, coupon de janvier 1883 détaché, oscillent de 80 à 80 fr. 50.

Ce que représentent les cours de la Bourse. Les 52,528,545 fr. de rentes 3 0/0 amortissables, cotées à la Bourse de Paris, représentent, au cours de 80 fr., un capital de 1,400,761,200 fr., et au cours de 81 fr. 1.421 millions 604,380 fr.

Capital encaissé par le Trésor. Par ses émissions successives de ces 52 millions de rentes, l'Etat a reçu du public 1,500,000,000 fr. Aux cours cotés à la Bourse, les capitalistes, détenteurs de ces rentes dès l'origine, perdraient donc au total de 80 à 100 millions de francs. Il faudrait que les rentes fussent cotées 85 fr. environ pour retrouver, avec les titres inscrits à la cote de la

Bourse de Paris, ce même capital de 1,500 millions encaissé par l'Etat par les divers modes d'émission que nous avons énumérés plus haut.

DEUXIÈME PARTIE.

LE PRÉSENT DE LA RENTE AMORTISSABLE.

Le Présent de la Rente amortissable.

Nous avons vu, dans les chapitres qui précèdent, les développements successifs de la rente amortissable, de ce type d'emprunt qui possède toutes les faveurs des pouvoirs publics. Il nous reste à examiner la situation qui est faite actuellement à cette rente dans le monde des capitalistes et des rentiers, dans le monde financier.

Les rentiers et les capitalistes la connaissent peu ou point ; ils continuent à acheter de préférence, s'ils veulent avoir en portefeuille des rentes françaises, du 5 0/0 ou du 3 0/0 ancien.

La spéculation ne s'occupe que du 5 0/0 et du 3 0/0 ancien ; les plus grandes transactions à terme se font toujours sur le 5 0/0. Quand on veut se rendre compte de la hausse ou de la baisse, on dit toujours: « *le 5 0/0 a monté ou baissé de tant* ». Sur le 3 0/0 amortissable, les transactions à terme sont fort limitées.

Les banquiers qui, dans les émissions successivement faites par M. Léon Say, avaient « *accaparé* » la plus grande partie de ce fonds, ont profité des cours de 1880 et 1881 pour revendre au comptant ce qu'ils avaient acheté à terme; ceux qui ont pris part à l'emprunt de M. Magnin, en possédent encore une grande partie en portefeuille et attendent des jours meilleurs pour revendre ce qu'ils ne veulent pas conserver.

Le public de l'épargne ne s'est jamais rendu compte de la valeur du 3 0/0 amortissable ; à vrai dire, il n'a jamais compris le fonctionnement de ce fonds. Habitué au type des rentes 3 0/0 perpétuelles et des rentes 4 1/2 et 5 0/0, sachant très bien ce que c'était et ce que voulait dire le mot : « Obligation

de chemin de fer 3 0/0 *remboursable* à 500 fr., » il a longtemps regardé comme une énigme, ce mot « *amortissable* »
inscrit sur les nouveaux 3 0/0. Aujourd'hui même, sur cent rentiers, combien en compterait-on qui pourraient dire exactement ce que cette expression signifie ?

Comment il est coté. — Ce qui a encore augmenté l'erreur du public, c'est la façon
dont le titre 3 0/0 amortissable a été, dès ses débuts, coté à la
Bourse.

On l'inscrit, en effet, à la cote officielle et on le négocie,
comme le 3 0/0 ancien, *à tant pour cent,* 80 fr., 81 fr., 82 fr.,
85 fr., etc., pour **3 fr.** de rentes, alors que la plus petite coupure d'amortissable est de 15 fr. de rentes. Du moment où l'on
voulait assimiler le nouveau type de rentes aux obligations de
chemins de fer, pourquoi n'avoir pas fait coter cette rente sous
forme d'*obligation d'Etat,* rapportant 15 fr., *remboursable* à
500 francs en 75 ans ?

Tout le monde aurait compris ce que c'était qu'une *obligation* d'Etat *remboursable.* Le mot *amortissable* a bien été compris des financiers : mais la masse du public, la masse de l'épargne, n'a même pas pris la peine de chercher ce que ce mot
voulait dire.

Ce qui prouve au surplus, que le rentier, en général, ignore
complètement ce qu'est la rente amortissable, c'est qu'on le
voit acheter des valeurs similaires coûtant plus cher ou n'ayant
pas les mêmes avantages.

Le 3 0/0 ancien. — On le voit acheter à 80 fr., par exemple, du 3 0/0 ancien
qui lui rapporte uniquement 3 fr. par an, tandis que, moyen-
nant 0,50 à 0,75 de plus, ce même public peut acheter également 3 fr. de rentes remboursables à 100 fr., soit avec une
plus-value de 20 0/0.

**Les obligations
du Trésor.** — On le voit acheter à 510 fr. des obligations du Trésor rap-

portant 20 fr., remboursables à 500 fr., c'est-à-dire acheter une annuité de 3 fr. de rentes à 76 fr. 50, remboursable à 75 fr., soit avec 1 fr. 50 de perte, alors qu'il néglige une autre annuité d'Etat de 3 fr. de rentes, coûtant presque le même prix et remboursable sûrement à 100 fr. Et cependant, quelle est la valeur dont les personnages les plus autorisés, dont les journaux officieux aient fait un aussi grand éloge?

Ecoutons ce qu'en pense le Ministre des Finances, M. Tirard, ce qu'il en disait le 12 décembre à la Chambre des Députés :

« Messieurs, on a beaucoup parlé, à propos de ces emprunts, du 3 0/0 amortissable. On en a dit tellement de mal que je vous demande la permission d'en dire un peu de bien. J'y suis d'autant plus autorisé que ce n'est pas moi qui l'ai inventé et que j'ai par conséquent le droit d'en dire du bien. Ce sera le monde renversé. (*Très bien ! sur les mêmes bancs.*)

L'opinion
de M. Tirard sur
l'amortissable.

« *M. le comte de Douville-Maillefeu.* Il était temps de dire cela !

« *M. le Ministre.* Qu'est-ce donc que le 3 0/0 amortissable? C'est une obligation produisant au minimum 15 fr. d'intérêts nets de tous impôts. Cette obligation est remboursable à 500 francs, et, au cours actuel, elle coûte 408 ou 410 fr. *C'est une valeur d'État dont les arrérages, intérêts et amortissements, sont gagés par des sommes inscrites au budget; elle a, par conséquent, toutes les garanties des autres valeurs d'Etat.*

« Je ne comprends vraiment pas comment il a pu se faire que des écrivains français aient eu l'audace d'écrire tout récemment que ces obligations 3 0/0 ne valaient guère plus que les assignats du siècle passé ; *cela a paru dans des journaux sérieux*, et je vous demande la permission de profiter de ma présence à la tribune pour protester contre de pareilles énormités. .. (*Applaudissements*) et faire comprendre à nos populations qu'il s'agit là d'une *véritable valeur d'État*, qu'elles auraient plus d'intérêt à mettre en portefeuille que certaines autres valeurs que ceux qui la dénigrent leur vendent. (*Nouveaux applaudissements.*)

« Cela n'est pas indifférent, car *nous n'avons pas beaucoup le choix des moyens pour faire des emprunts ; nous voulons faire des emprunts en* **amortissable** *et nous avons raison.* Ces titres de 3 0/0 ne sont, en réalité, que des obligations de chemins de fer. Ils y ressemblent absolument ; ils ont, en outre, cet avantage d'être] nets d'impôt ; aussi, coûtent-ils un peu plus cher. Voilà toute la différence.

« Je le répète, nous aurons très probablement à faire appel au crédit public pour la continuation du programme de M. de Freycinet, *dont nous avons parfaitement l'intention de poursuivre les travaux.* Je dis, Messieurs, qu'il n'était pas inutile de vous faire connaître publiquement et du haut de cette tribune ce que c'est que cette valeur de laquelle on a dit tant de mal. »

« Le 3 0/0 amortissable, disait encore M. Tirard (*séance du 15 décembre*), donne non seulement la certitude du paiement de son intérêt, mais encore celle de son remboursement

« *C'est un titre complet.*

« Quant à moi, Messieurs, malgré toutes les critiques qui ont été faites, *si je me place au point de vue des intérêts du public et de ceux du Trésor,* je considère que cette création du 3 0/0 amortissable est excellente et que si nous continuons à faire des chemins de fer, nous devons continuer à employer les mêmes procédés. »

L'opinion de M. Léon Say. Et M. Léon Say, que disait-il du 3 0/0 amortissable, à la séance du Sénat du 21 décembre?

« Je considère le 3 0/0 amortissable comme un type excellent, admirablement choisi et qui a deux qualités très appréciables, celle de réunir les avantages de l'obligation de chemins de fer, titre français que vous connaissez, et celle de posséder les avantages d'un titre anglais appelé les annuités terminables.

. . . .

« Je considère que la situation des cours aujourd'hui ne prouve pas du tout que le 3 0/0 amortissable soit un mauvais titre. *C'est, au contraire, à mon avis, un très bon titre.* Ce que je regrette, c'est que toutes nos rentes ne portent pas en elles-mêmes un amortissement, c'est qu'il n'y ait pas un amortissement forcé. Je sais bien qu'on ne peut pas contraindre un Parlement à amortir quand il ne le veut pas.

. . . . , ...

« *Le* 3 0/0 *amortissable a l'avantage d'être une forme d'emprunt qui oblige le Parlement à dire qu'il ne veut pas amortir quand il ne le veut pas.*

. . . .

« Je considère donc que le 3 0/0 amortissable est une très heureuse création. »

Et les journaux officieux ? Nous n'en finirions pas si nous citions les nombreux éloges qu'ils ont décernés à ce titre, les nombreuses recommandations qu'il lui ont accordées.

Que prouvent donc ces hésitations du public quand il s'agit de la rente amortissable ?

Cette défaveur prouve une fois de plus combien les capitalistes français, quand ils ont l'habitude d'effectuer leurs placements sous une forme déterminée, restent attachés à leurs idées ; combien ils aiment peu les innovations financières.

On oublie vite, en France ; et cependant, deux faits récents auraient dû servir d'avertissement.

M. Segris.

En 1870, au commencement de la guerre contre l'Allemagne, le Ministre des Finances, M. Segris, séduit par les théories de ceux qui préconisaient le système employé par les Américains à l'époque de la guerre de sécession, voulut rompre avec les anciennes traditions et inaugurer un nouveau mode d'emprunt. Au lieu de faire appel aux capitaux du public en empruntant en 3 0/0, type de rentes auquel le public était habitué, il créa des bons 5/10, 3/10 ; le public ne comprit absolument rien à ce mode d'emprunt, et ne souscrivit pas ou souscrivit peu. Il fallut que, quelques semaines après, le successeur de M. Segris, le regretté M. Magne, fit un emprunt par voie de souscription publique, en rentes 3 0/0 perpétuelles, au taux de 60.

M. Magne.

L'expérience tentée par M. Segris coûta cher au Trésor : on était obligé d'emprunter au taux de 60 fr., alors que, quelques semaines plus tôt, on aurait pu emprunter facilement à 67 et 68 fr., si M. Segris n'avait pas préféré adopter le système des Bons Américains 3/10, 5/10.

Les obligations trentenaires.

Le deuxième fait que nous citerons était tout récent au moment de la création de l'Amortissable. En 1877, M. Léon Say voulut placer des Bons Trentenaires du Trésor, remboursables en trente ans, comme leur nom l'indique, rapportant 20 fr. et remboursables à 500 fr. Le public se soucia tellement peu de ces titres, dont la sécurité, les garanties sont cependant hors de toute discussion, qu'il n'en demanda qu'une fort petite partie. Sans l'intervention de MM. de Rothschild et de plusieurs maisons de banque, c'est à peine si le Trésor aurait pu écouler quelques milliers de bons dans le public. Leur défaveur fut telle que le Gouvernement jugea prudent non seulement d'en arrêter les émissions, mais de se faire autoriser à les convertir en rentes 3 0/0 amortis-

sables dont on croyait le placement plus commode et plus
facile.

Ces innovations financières rappellent à la mémoire les
sages paroles que prononçait M. Thiers au moment de la discussion du projet de loi relatif à l'emprunt de 2 milliards.
C'était en 1871, à l'Assemblée nationale.

A cette époque, chacun prétendait avoir les moyens de trouver
les sommes nécessaires au paiement de la rançon de la France.
Ce qu'il s'est publié de brochures, de livres, d'opuscules sur ce
sujet, est presque incalculable. De tous les points du pays, des
pétitions étaient adressées aux ministres, aux députés; chacun
indiquait le meilleur système pour trouver les 5 milliards. Et
cependant, au milieu de ces montagnes de publications, quelques-unes pouvaient paraître des plus sérieuses, des mieux
fondées en raison de la situation de leurs auteurs. A la tribune
de l'Assemblée nationale, plusieurs députés émirent, eux
aussi, leurs idées sur ce grave sujet. Qu'on relise les discours
prononcés à cette époque par M. Thiers ! Qu'on relise ce qu'il
disait sur toutes ces innovations, sur tous ces projets, et l'on
verra comment, non sans raison, il les repoussait, pensant
sans doute à cette maxime qu'un autre homme d'Etat célèbre,
M. Magne, répétait bien souvent « *Ce sont les matières de
finances qui prêtent le plus aux illusions; ce sont elles qui, en
définitive peuvent le moins s'en contenter.* »

II

Ce n'est qu'avec le temps que certaines innovations financières parviennent à être acceptées par les capitalistes ; et
encore est-il nécessaire que des exemples pratiques, bien mieux
que des arguments et des raisonnements théoriques, fassent

Exemples et théories. comprendre au public les avantages du nouveau titre ou du nouveau système financier qu'on lui propose.

Pourquoi les bas cours du 3 % amortissable. Si le 3 0[0 amortissable n'est pas actuellement aux cours auxquels il devrait être, comparativement au 3 0[0 ancien, c'est que, jusqu'à ce jour, il a été un fonds *incompris* ; c'est que le public redoute que de trop nombreuses émissions de ce titre n'en compriment l'essor ; c'est enfin, parce que la plus grande partie de l'emprunt effectué en 1881 par M. Magnin n'est pas classée et se trouve entre les mains de banquiers qui attendent, pour le vendre, des cours meilleurs.

Ce serait une erreur de croire que ces cours du 3 0[0 amortissable signifient que ce soit un mauvais titre ; ils peuvent indiquer que le 3 0[0 amortissable n'a pas été goûté du public, que c'est un fonds désavantageux, au prix actuel, pour les finances de l'Etat, mais nous sommes persuadés comme M. Léon Say (1), qu'heureusement ce n'est pas **Un fonds condamné.** « un fonds condamné » car, à notre avis, ce type de rente, avantageux pour les rentiers et les capitalistes, mérite tout autant de crédit que les autres fonds d'Etat auxquels il peut être comparé et auxquels il ne cède en rien, ni comme sécurité, ni comme avenir.

Titre incompris. Le public, pour qui l'amortissable est un titre « incompris », ayant à choisir entre deux rentes, le 3 0[0 ancien et l'amortissable, achète le premier tandis qu'il se montrerait plus soucieux de ses propres intérêts, s'il achetait du second : cela ne veut pas dire, répétons le encore, que le 3 0[0 amortissable soit un mauvais titre.

Si le gouvernement renonçait aux émissions d'amortissable. Que demain le Gouvernement annonce qu'il ne fera plus à l'avenir aucune émission de rentes amortissables ; qu'il dise,

(1) Séance du Sénat 21 décembre 1882. *Journal Officiel.* p. 1174 1re colonne.

que pour ses émissions futures, il adoptera un nouveau fonds, 4 1[2, 4 0[0 ou 3 0[0. Immédiatement, on peut en être convaincu, l'amortissable dépasserait le prix du nouveau fonds qui serait créé : si on adoptait du 3 0[0 ancien, celui-ci baisserait dans des proportions aussi grandes que monterait le 3 0[0 amortissable.

Cette rente est donc avantageuse pour le public : il ne la paie pas beaucoup plus cher que le 3 0[0 ancien qui, lui, n'a pas d'amortissement, et, tout en recevant le même intérêt, il peut bénéficier de l'écart existant entre son cours actuel de 80. 81 fr. et son prix de remboursement à 100 fr. *Cette rente est-elle avantageuse pour le public ?*

Mais il n'en est pas moins vrai que cette rente, avantageuse pour les rentiers, coûte cher à l'Etat, car la différence de cours existant entre les deux 3 0[0 n'est pas suffisante pour lui permettre de prélever l'annuité nécessaire au remboursement de l'amortissable. *Est-elle avantageuse pour l'État ?*

Quand l'Etat émet, par exemple, 100 millions de 3 0[0 perpétuel à 80 fr. ; il reçoit 80 millions et n'est obligé qu'à une chose : à payer, comme intérêts annuels, 3 millions. *Emprunts perpétuels, emprunts amortissables.*

Quand il émet 100 millions de 3 0[0 amortissable à 80 fr. il s'engage à la fois,

1° à payer le même intérêt de 3 millions par an,

2° à rembourser à 100 millions les 80 millions empruntés ; soit avec une plus value de 20 0[0.

Donc, tant que les cours des deux rentes sont à peu près au même niveau, l'Etat emprunte bien plus cher en amortissable qu'en 3 0[0 ancien : il fait, conséquemment, une opération désavantageuse pour lui, avantageuse pour les rentiers.

Comparons la situation respective de deux rentiers sur l'Etat : l'un, possède 3,000 fr. de rentes 3 0[0 perpétuelles ; l'autre, possède 3,000 de rentes 3 0[0 amortissables. Tous deux toucheront tous les ans, tous les trimestres, le même re- *Situation respective de deux rentiers.*

venu ; mais l'un, le détenteur de rentes amortissables aura la certitude d'être remboursé, tôt ou tard, par tirages annuels, avec une plus-value sur son capital. La meilleure situation qui pût être faite au détenteur de 3 0ʃ0 ancien serait que la rente 3 0ʃ0 montât à 100 francs, et alors, en admettant que cette éventualité se réalisât, il aurait à redouter une conversion du 3 0ʃ0 en 2 1ʃ2 ; quant au détenteur de 3 0ʃ0 amortissable, cette certitude de voir son titre atteindre 100 fr. il la possède, puisque sûrement, par le remboursement annuel, elle est remboursable à ce prix ; la crainte de la conversion, il ne peut l'avoir : pour effectuer cette opération, il faudrait que le 3 0ʃ0 amortissable fut à 100 fr. et que le gouvernement eut intérêt à rembourser cette dette par anticipation.

Quelle doit être la différence de cours ? Quelle doit être la différence de cours entre le 3 0ʃ0 ancien et le 3 0ʃ0 amortissable, c'est-à-dire entre une rente *perpétuelle* et une autre *remboursable* à échéance fixe, par tirages annuels ayant lieu à des époques déterminées ? Cette question a été souvent débattue ; nous pourrions dire qu'elle a été mathématiquement résolue par des spécialistes très compétents. Ils ont exactement indiqué l'écart qui devait exister entre les deux rentes ; mais les cours de Bourse ont toujours donné tort aux calculs les mieux établis.

Les calculs de 1878. Lorsqu'il s'est agi, en 1878, de créer la rente amortissable, comment, à cette époque s'y prenait-on pour évaluer l'écart qui devait exister entre le 3 0ʃ0 ancien et le 3 0ʃ0 amortissable ?

La valeur du nouveau titre, disait-on, peut se chiffrer aisément. Comme revenu fixe, la rente 3 0ʃ0 amortissable vaudra exactement le rente 3 0ʃ0 ancienne ; mais, en raison de la prime d'amortissement donnée par cette dernière, si le 3 0ʃ0 est coté 74, le 3 0ʃ0 amortissable devra valoir 74 plus 26 comme prime de remboursement à 100 fr. en 75 années.

Or, ajoutait-on, cette différence de 26 fr., basée sur un intérêt de 3 0[0, équivaut à un capital de 5 fr. 17.

Le 3 0[0 amortissable devra donc valoir intrinsèquement 5 fr. 17 de plus que l'ancienne rente 3 0[0.

En chiffres ronds, pour connaître la valeur de la rente 3 0[0 amortissable, eu égard à l'ancienne rente 3 0[0, il faut calculer que chaque 1 fr. d'écart entre le prix de l'ancien 3 0[0 et 100 fr. équivaut à 20 c. Ainsi, par exemple, si l'ancien 3 0[0 était coté 70, le 3 0[0 amortissable vaudrait (trente fois 20 c.) 6 fr. de plus, soit 76 fr.

Les calculs qui précèdent étaient publiés par le *Journal des Débats* du 12 février 1878. Au point de vue mathématique, ils étaient exacts ; mais c'était une erreur de croire que les capitalistes devaient s'y conformer (1).

Lorsque la rente amortissable fit son apparition sur le marché, elle cota, comme premier cours, 87 fr.

Le 3 0/0 ancien, au contraire, se négocia à 77 fr.

Il y eut donc un écart de 10 fr. entre les deux rentes. Ecart bien exagéré assurément et qui devait bientôt disparaître.

Au commencement de janvier 1879, de nouveaux calculs Les calculs de 1879. furent publiés. Le ministre des finances fit imprimer un tableau des parités du 3 0/0 perpétuel et du 3 0/0 amortissable.

Il résultait de ce tableau que :

1° Si le 3 0/0 est coté 77, le 3 0/0 amortissable devait valoir 4 fr. 77 de plus au 17 janvier 1879 ; soit 81 fr. 77.

4 fr. 71	»	17 avril	1879;	» 81	71.
4 fr. 76	»	17 juillet	1879;	» 81	76.
4 fr. 80	»	17 octobre	1879;	» 81	80.
4 fr. 85	»	17 janvier	1880;	» 81	85.

---

(1) Voir plus haut, page 43.

2° Si le 3 0/0 est coté 80 fr., le 3 0/0 amortissable devait valoir aux mêmes dates que celles indiquées ci-dessus :

4 fr. 34 de plus soit 84 fr. 34.

4 fr. 29 » » 84 29.

4 fr. 33 » » 84 33.

4 fr. 37 » » 84 37.

4 fr. 41 » » 84 41.

A quoi ont-ils servi ? Nous ne contesterons pas l'exactitude minutieuse de ce travail ; mais il n'a pas aidé à rétablir l'équilibre mathématique que l'on voulait voir exister entre les deux rentes, pas plus qu'il n'a fait comprendre aux capitalistes l'avantage qu'ils peuvent avoir à préférer le 3 0/0 amortissable au 3 0/0 ancien.

Les tableaux à faire. Il est, à notre avis, un autre tableau que l'on devrait faire et qui serait mieux compris des capitalistes, de cette foule de petits rentiers qui n'ont ni le temps, ni bien souvent la volonté de se livrer à de grands calculs et qui ne se piquent pas surtout de comprendre les mathématiques et les formules algébriques.

Ce que le public ne comprend pas. Si j'achète, par exemple, 300 fr. de rentes 3 0/0 anciennes à 80 fr., je sais que je débourserai 8,000 fr. ; que j'aurai tous les ans une rente de 300 fr. ; que je ne suis soumis à aucune chance de remboursement au pair de 100 fr. par voie de tirages.

Si, au contraire, j'achète 300 fr. de rentes 3 0/0 amortissables à 80 fr. 50 ou 81 fr., quel sera mon revenu fixe ? Egalement 300 fr.

Combien aurai-je à débourser ? 8,050 à 8,100 fr., soit 50 à 100 fr. en plus. Comment serai-je remboursé ? à 10,000 fr., soit avec près de 2,000 fr. de plus-value. Et si mes 8,050 à 8,100 fr. me sont remboursés dans 1 an, 5 ans, 10 ans, 20 ans, au lieu de l'être dans 30, 50, 60 ou 75 ans; quel placement de fonds aurai-je fait ?

Voilà ce que je voudrais savoir, sans me donner la peine de faire de longs calculs, et si j'avais un tableau qui me donnât ces indications, je verrais tout de suite si j'ai intérêt à courir les chances d'un remboursement avec prime, en payant ma rente un peu plus cher, ou si plutôt je n'ai pas avantage à acheter un peu plus de rente perpétuelle, non amortissable, avec l'argent que me coûterait en surplus l'achat de rente amortissable ?

Un tableau, établi sur ces données, rendrait de véritables services: il ferait mieux comprendre que tous les raisonnements possibles les avantages de la rente amortissable. Cette rente convient surtout aux petites bourses, aux rentiers qui se contentent d'un faible revenu, parce qu'ils espèrent voir leur capital s'augmenter. Toute cette classe intéressante de capitalistes, de gens d'épargne, est peu familiarisée avec les chiffres; il faut lui donner des explications simples, claires, et écrire pour elle comme si son éducation financière était à faire.

Croit-on, par exemple, qu'on ne serait pas mieux compris si, au lieu de venir dire que, mathématiquement, le 3 0/0 amortissable doit se négocier 6 fr., 5 fr. 17, ou 4 fr. 77 plus cher que le 3 0/0 ancien, on disait :

Avec 8,000 fr., si vous achetez du 3 0/0 ancien à 80 fr., vous aurez un revenu annuel, perpétuel, de 300 fr.

Avec 8,100 fr., si vous achetez du 3 0/0 amortissable à 81 fr., vous aurez, pendant 75 ans, un revenu annuel de 300 fr.; mais :

Si vos 300 fr. de rentes amortissables sortent remboursables dans un an, à 100 fr., c'est-à-dire à 10,000 fr., vous aurez gagné :

   1°   1.900 fr. sur votre capital ;
   2°   300 fr. sur votre revenu ;

Total   2.200 fr. pour un débours de 8,000 fr., soit un placement à 27 1/2 0/0

Si vos 300 fr. de rentes sortent remboursables dans dix ans seulement à 100 fr., vous aurez reçu 1,900 fr. comme bénéfice sur votre capital ; 3,000 fr. d'intérêts pendant dix ans, soit au total 4,900 fr., pendant 10 ans, ce qui équivaut à un placement à plus de 6 0/0 l'an.

De la nécessité des calculs simples et pratiques. Est-ce qu'on ne serait pas plus vite et plus facilement entendu qu'en employant des formules fort exactes assurément, mais que peu de personnes saisissent.

Est-ce que des calculs simples, indiquant ce que la rente amortissable, d'après le cours coté, rapporte net, et rapporterait, prime d'amortissement comprise, dans un an, 5 ans, 10, 20, 50, 75 ans, ne seraient pas plus compréhensibles ?

Exemples. Telle doit être, à notre avis, la véritable façon de démontrer la valeur de la rente amortissable. Le gouvernement rendrait un véritable service aux rentiers en faisant établir des tableaux dans le sens que nous indiquons. Ce serait une des meilleures manières de populariser, de démocratiser la rente amortissable et, conséquemment, de la classer dans les portefeuilles de ceux qui achètent une valeur comme placement définitif et non comme titre de spéculation.

Pour donner à notre pensée une forme matérielle, nous présentons ici deux tableaux qui, susceptibles d'amélioration et de développement, serviront du moins à indiquer le côté pratique dont il faut, en pareille matière, se préoccuper.

1er TABLEAU.

Pour acheter en 3 0/0 ancien coté 80 fr.	Il faut débourser :	Pour acheter la même quantité de rentes en rentes 3 0/0 amortissable cotée 81 fr. il faut débourser :	Soit en plus qu'en 3 0/0 ancien :	Mais avec la rente amortissable on gagne au remboursement :
15 f DE RENTES	400 fr.	405 fr.	5 fr.	95 fr.
30 »	800 »	810 »	10 »	190 »
45 »	1.200 »	1.215 »	15 »	285 »
60 »	1.600 »	1.620 »	20 »	380 »
90 »	2 400 »	2.430 »	30 »	570 »
120 »	3.200 »	3.240 »	40 »	760 »
150 »	4.000 »	4 050 »	50 »	950 »
180 »	4.800 »	4.860 »	60 »	1.140 »
210 »	5.600 »	5.670 »	70 »	1 330 »
300 »	8.000 »	8.100 »	100 »	1.900 »
600 »	16.000 »	16.000 »	200 »	3 800 »
1500 »	40.000 »	40.500 »	500 »	9 500 »
3000 »	80.000 »	81.000 »	1.000 »	19.000 »

2ᵐᵉ TABLEAU.

**En achetant 15 fr. de rentes 3 % amortissable,
au cours de 81 fr., coûtant 405 fr., remboursables à 500 fr. en 75 ans, par tirages annuels:**

Si je suis rem- boursé dans :	J'aurai reçu en intérèts :	J'aurai reçu comme bénéfice au rembour- sement :	Soit au total.	Ce qui équivaut à un revenu annuel de :
1 an.	15 fr.	95 fr.	110 fr.	**27 10 %**
2 ans.	30 »	95 »	125 »	**19 42**
3 »	45 »	95 »	140 »	**11 55**
5 »	75 »	95 »	170 »	**8 39**
10 »	150 »	95 »	245 »	**6 04**
20 »	300 »	95 »	395 »	**4 87 1/2**
30 »	450 »	95 »	545 »	**4 48**
50 »	750 »	95 »	845 »	**4 17**
75 »	1.125 »	95 »	1.220 »	**4 01**

III

Ce qui prouve encore que les calculs qui ont été jusqu'ici
publiés pour déterminer la valeur exacte du 3 0/0 amortissable comparé au 3 0/0 ancien n'ont pas été suivis, c'est que,
d'année en année, cet écart est allé en diminuant.

Fin décembre 1879, le 3 0/0 amortissable se négociait **2 fr. 55** plus cher que le 3 0/0 ancien ;

Fin décembre 1880, cette différence de cours était de **2 fr. 32** 1/2 ;

Fin décembre 1881, cette différence était de **1 fr. 27** 1/2 ;

Fin décembre 1882, le 3 0/0 ancien vaut 79 fr. 60 et l'amortissable 80 fr. 60 soit une différence de **1 fr.** au profit de cette dernière.

On voit, par les chiffres qui précèdent, que, depuis sa création, la rente amortissable, n'a pu conserver l'écart de prix qui devait normalement exister entre elle et la rente ancienne 3 0/0. Les deux titres sont aujourd'hui presque au même cours, à quelques centimes près. Pour le public, 3 fr. de rentes, remboursables à 100 fr. sont estimés valoir, 80 fr. 60, tandis que 3 fr. de rentes non remboursables sont estimés valoir 79 fr. 60.

Il y a là une erreur d'appréciation et de jugement de la part des capitalistes ; et, nous voudrions démontrer encore rapidement, par de nouveaux arguments, l'avantage que les porteurs de rentes 3 0/0 ancienne peuvent trouver en échangeant leurs titres contre des rentes 3 0/0 amortissables ; cet avantage doit être également recherché par les capitalistes qui, désireux d'avoir en portefeuille des rentes françaises, donnent, à tort, la préférence au 3 0/0 ancien, tandis qu'ils devraient choisir le 3 0/0 amortissable.

Au point de vue des garanties, de la sécurité, du revenu, l'assimilation entre les deux rentes est complète. Même débiteur, l'Etat ; mêmes payements trimestriels des coupons d'intérêts, en janvier, avril, juillet octobre. Pour le 3 0/0 ancien, les coupons sont payables le premier de chacun de ces mois ; pour le 3 0/0 amortissable les coupons se paient le seize.

Les séries.

La rente amortissable a été, à son origine, divisée en 175 séries ou fractions égales, remboursables en 75 années, à raison de une série par an, pendant 29 ans ; 2 séries par an, pendant 18 ans ; 3 séries par an, pendant 13 ans ; 4 séries par an, pendant 7 an ; 5 séries par an pendant 5 ans et 6 séries par an, pendant les trois dernières années.

Il en résulte que le capitaliste qui possédait, dès la création de la rente amortissable, 175 séries, c'est-à-dire 15 fr. de rentes dans chacune des 175 séries, soit, au total, 2,625 fr. de rentes, est sûr d'avoir, tous les ans, un titre de 15 fr. de 3 0/0 remboursé à 500 fr., soit 100 fr. par 3 fr. de rentes.

Les tirages
d'amortissement.

Depuis 1878, 4 tirages d'amortissement ont eu lieu sur la rente amortissable, les 1ᵉʳ mars 1879, 1880, 1881 et 1882. Il reste donc 171 séries en circulation.

Ce mode de remboursement par séries offrait, pour les tirages, des facilités dont a dû certainement tenir compte le Ministère des Finances qui y vit aussi une condition de sécurité pour le public comme pour lui.

Comment
ils s'effectuent.

L'opération du tirage devenait en effet d'une grande simplicité. Il ne s'agissait plus que d'introduire dans une urne 175 numéros qui en devaient être extraits pendant une période de 75 ans ; on n'avait pas affaire à une masse énorme de numéros dont l'extraction donne lieu souvent à des erreurs qui ne sont reconnues que lorsqu'elles sont presque irréparables ; on n'avait même plus à songer à conserver les roues de tirage, rien n'étant plus commode que de placer à chaque tirage annuel dans une roue unique les numéros non encore sortis.

Il est facile, dès lors, de se rendre compte immédiatement des avantages certains qu'offre le 3 0/0 amortissable sur le

3 0/0 ancien et d'évaluer la différence de cours qui devrait existe entre les deux rentes.

Un capitaliste qui pourrait se procurer 171 coupures de 15 fr. de rentes amortissables, dans chacune des 171 séries restantes, achèterait conséquemment 2,665 fr. de rentes. Au cours de 80 fr. 50, ces 2,665 fr. de rentes lui coûteraient 71,510 fr.

Les coupures dans les séries.

Il aurait, tous les ans, un titre de rente de 15 fr. qui sortirait remboursable à 500 fr. soit avec un bénéfice au remboursement de 97 fr. 50.

Ce bénéfice de 97 francs 50 peut donc être considéré comme un accroissement de revenu, puisque, tous les ans, le même bénéfice se représente. C'est donc, en réalité, 97 fr. 50 de rentes nouvelles qui viennent s'ajouter aux 2,665 fr. de rentes achetées, soit, au total, 2,762 fr. 50 de rentes ayant coûté, comme on l'a vu plus haut, 71,510 fr.

Rente 3 0/0 ancienne ; rente 3 0/0 amortissable.

Que coûteraient, en rente 3 0/0 ancienne, 2,762 fr. 50 de rentes à 80 fr, ? Exactement 73,666 fr. 66 soit, 2, 156 fr. de plus. Si donc la différence de cours entre 2,762 fr. 50 de rentes 3 0/0 ancienne et amortissable est de 2, 156 fr., la différence qui devrait exister entre 3 fr. de 3 0/0 ancien et 3 fr. de 3 0/0 amortissable devrait être de 2 fr. 34.

Lorsque le 3 0/0 ancien est à 80 fr. le 3 0/0 amortissable devrait valoir, conséquemment, 82 fr. 34, alors qu'il se négocie seulement à 80 fr. 50.

On peut encore chiffrer, par un calcul différent, la valeur des deux rentes.

Autre calcul.

Au cours de 80 fr., le 30/0 ancien rapporte net 3,75 0/0. Au cours de 80 fr. 50, le 3 0/0 amortissable rapporte, comme intérêts, 3 fr.

Il donne, en outre, 19 fr. 50 de bénéfice au remboursement, pouvant avoir lieu, d'ici 71 ans ; cette prime éventuelle de remboursement représente 0,274 par an. On a donc, revenu et prime d'amortissement compris, 3 fr. 274 par an pour un déboursé de 80 fr. 50, ce qui représente 4,06 0/0. En tenant compte de la prime annuelle au remboursement, le 3 0/0 amortissable rapporte donc 0,31 0/0 de plus que le 3 0/0 ancien.

Première conclusion. La première conclusion qui se dégage des chiffres qui précèdent est que la rente amortissable doit être préférée, par les capitalistes, à la rente 3 0/0 ancienne, soit qu'ils échangent du 3 0/0 ancien contre du 3 0/0 amortissable, soit qu'ils achètent du 3 0/0 amortissable, au lieu de mettre en portefeuille du 3 0/0 ancien.

Deuxième conclusion. La seconde conclusion est que, si la nécessité obligeait le Gouvernement à faire appel au crédit, un emprunt effectué en rentes amortissables serait pour lui, en ce moment, bien plus coûteux qu'en rentes 3 0/0 anciennes, puisque les deux rentes se négocient à peu près aux mêmes cours.

Dans les conditions actuelles cette rente amortissable est en effet fort lourde pour l'Etat. Lors de la première émission qui en fut faite en 1878, le capital emprunté s'éleva à 439,878,545 francs.

Ce que coûte, en capital, au Trésor, l'emprunt de 1878. Cet emprunt aura, jusqu'à parfait amortissement, coûté 1,371,184,510 francs, c'est-à-dire *trois capitaux pour un :* il aura fallu payer en intérêts 821,334,510 fr. et en remboursements annuels, pendant 75 ans, 549,850,000 fr.

Ce qu'il coûte comme amortissement. L'amortissement pèse donc beaucoup sur le Trésor Public. De 1879 à 1907 cet amortissement exige annuellement 3,142,000 fr.

De 1908 à 1925, 6 millions 284,000 fr. ;

De 1926 à 1939, 9,426,000 fr. ;

De 1940 à 1945, 1 2,568,000 fr. ;

De 1945 à 1950, 15,710,000 fr. ;

De 1951 à 1953, terme final du remboursement, 18,852,000 fr.

Pour que le Gouvernement ait intérêt à emprunter en rentes amortissables, *il faut qu'il puisse émettre ou vendre cette rente amortissable plus cher qu'il n'émettrait ou vendrait une autre rente non remboursable, et qu'il prélève sur les capitaux fournis par l'émission, les sommes nécessaires au remboursement de son emprunt.*

On voit que nous n'en sommes pas là. Tant que l'écart entre les deux 3 0/0 est aussi faible, le public doit préférer le 3 0/0 amortissable au 3 0/0 ancien ; l'Etat, de son côté, doit s'abstenir de toute émission en rentes amortissables, car c'est pour lui le mode d'emprunt le plus onéreux.

L'intérêt
du gouvernement.

L'intérêt
des rentiers

TROISIÈME PARTIE.

L'AVENIR DE LA RENTE AMORTISSABLE.

CHAPITRE PREMIER

Les séductions et les illusions de l'amortissement.

Comme nous le disions au début de ce travail. ce qui séduisit surtout les pouvoirs publics lorsqu'ils autorisèrent la création de la rente amortissable, ce fut l'idée de pouvoir amortir c'est-à-dire rembourser tout ce qu'ils emprunteraient. Ce qui a séduit les pouvoirs publics.

Ce fonds type devait servir à tous les usages : rachat des chemins de fer, grands travaux publics, dépenses pour la reconstitution du matériel de la guerre et de la marine, conversion de la rente 5 0/0. La facilité même avec laquelle on pouvait emprunter, les conditions de ces emprunts, très favorables eu égard au taux auquel les précédents gouvernements avaient fait appel au crédit, furent autant de stimulants pour dépenser davantage sous prétexte de plus économiser. Les vieux principes d'économie politique sont toujours vrais et quand nous songeons à l'extrême facilité avec laquelle les milliards de rente amortissable ont été créés, depuis 1878, depuis quatre ans, nous nous rappelons une page éloquente de J. B. Say. Des divers emplois de ce fonds type. Stimulants de dépenses. Vieux principes d'économie politique. Une page de J.-B. Say.

« On prétend, disait-il, qu'il est de l'intérêt des nations que leurs gouvernements empruntent à bon marché, parce qu'alors les peuples ont d'autant moins d'intérêts à payer. Cette raison serait fort bonne si les besoins indispensables déterminaient seuls la quotité des sommes empruntées ; mais si les besoins se multipliaient d'autant plus qu'on a plus de facilité pour les satisfaire ; si le bas intérêt, au lieu de diminuer la somme de rentes qui pèse sur les contribuables, n'avait d'autre effet que de grossir la somme des capitaux qu'on détient ; si l'état qui emprunte au plus bas intérêt, (l'Angleterre par exemple) était aussi celui qui a le plus de dettes et se trouve chargé d'une plus grosse somme d'intérêts, pourrait-on soutenir qu'une nation gagne à emprunter bon marché? L'intérêt des peuples n'est point que leurs gouvernements empruntent à un taux modéré ; c'est qu'ils n'empruntent pas du tout. *Il est à craindre que plus ils ont de facilité pour trouver de l'argent, plus ils en aient pour dépenser.* (1) »

Les dangers des capitaux à bon marché.

Horizons nouveaux.

La création du 3 0/0 amortissable ouvrait donc à nos législateurs des horizons nouveaux car cette rente leur semblait devoir donner des milliards à bon marché. Aux objections qui étaient faites, on répondait en s'appuyant sur les arguments que faisaient valoir les journaux les plus autorisés :

Ce que coûterait une « hypothèse. »

« Si l'on avait besoin de 5 milliards, disait *le Journal des Débats du 12 mars* 1878 pour l'achèvement de notre réseau de chemins de fer, des ports et canaux, et l'amélioration générale de la navigation, *il ne faudrait par an que* 16,200,000 *fr. de plus* dans l'hypothèse d'une dette amortissable que dans l'hypothèse d'une dette perpétuelle, c'est-à-dire d'une dette qui pèserait éternellement sur le pays. »

La Commission du Budget et la Rente amortissable.

Bien avant *les Débats, La République Française* rendait compte ainsi qu'il suit des opinions produites par ses amis, au mois de février 1878 dans la commission du budget :

« Comment nier qu'en prenant l'obligation d'amortir, l'Etat ne se place dans une meilleure situation que s'il laissait aux Parlements le soin d'employer les excédants de recettes à l'amortissement.

« Il est toujours facile de ne pas amortir, et, par l'expérience, nous savons tous combien peu on songe à diminuer le montant de la dette publique. Les Chambres sont toujours pré-

---

(1) Des emprunts par souscriptions. p. 447. Cours complet d'économie politique p. J. B Say T. II *in fine.*

occupées des nécessités du moment ; elles ne font rien quand elles n'y sont pas obligées.

« Il faudra bien agir autrement quand l'engagement sera pris envers les créanciers.

« M. Jules Ferry, insistant sur cet ordre d'idées, a montré qu'il ne s'agissait pas d'une simple mesure spéciale, dans la création de ce nouveau 3 0/0 amortissable. *Ce que pense M. Jules Ferry.*

« *Si ce titre, comme il faut l'espérer, parvient à conquérir la faveur publique, nous aurons là un instrument puissant qui nous permettra de modifier tout le caractère de notre dette publique.*

« Avec le fardeau que nous léguerons aux générations futures, nous leur donnerons en même temps une garantie que ce fardeau ne sera pas éternel.

« Il y a là une vue de politique générale qui est au-dessus de toutes les objections.

« Développer les travaux publics, qu'est-ce autre chose qu'accroître l'outillage national ? Or, comprend-on un industriel qui, empruntant pour développer son matériel, ne songerait pas en même temps à l'amortir ?

« M. Menier partage les idées de M. Ferry ; il est partisan du 3 0/0 amortissable, parce qu'il veut unifier la dette. Et c'est ce type, qui, suivant lui, *devait servir pour toutes les conversions.* *Les idées de M. Ménier.*

Quelques jours après, le même journal ajoutait :

« Nous soutenons que le nouveau titre proposé par M. Léon Say est le vrai, le seul qu'il faille désormais employer, dans l'intérêt du Trésor comme dans celui des rentiers ; que successivement tous les fonds publics actuels pourront être échangés contre des obligations amortissables, et qu'*ainsi nous arriverons sans secousses et sans efforts, à l'unité de titres à* *L'unité de titres.*

laquelle tout le monde paraît aspirer, au grand profit du Trésor et sans pertes pour les rentiers.

« C'est encore pourquoi nous croyons que les Chambres voteront sans perte de temps les lois qui leur seront soumises à cet égard, et qu'ainsi cesseront tous les bruits intempestifs faits autour de *cette magnifique conbinaison*, nous ne savons trop dans quel intérêt. »

N'était-il pas évident qu'on voulait édifier sur le 3 0/0 amortissable « *tout un système* » (1) Ce système, c'était l'emprunt presque en permanence, l'amortissement de la dette de la rente par la conversion de tous les autres types en 3 0/0 amortissable. L'amortissement obligatoire, forcé, sans qu'on s'en aperçut, exerçait une véritable fascination sur tous les esprits. C'était selon l'expression de *la République Française*, une « magnifique combinaison. »

A vrai dire, cette manière de voir s'est peu modifiée. Les récentes discussions devant les Chambres, prouvent que la rente amortissable est considérée comme le pivot de notre crédit. Les créations de cette rente ont pris, on l'a vu, un développement considérable : il y en aura bientôt pour près de 4 milliards de créés. Nous avons démontré qu'il y en aurait, avant peu d'années, pour 8 à 10 milliards en circulation. Alors, l'intérêt et l'amortissement de cette nouvelle dette exigeront près de 500 millions, par an, chiffre supérieur à l'intérêt exigé par nos vieilles rentes 3 0/0 ou 5 0/0. Examinons donc ce qu'il y a de réellement fondé dans ces théories d'amortissement.

---

(1) Les Contribuables et la conversion de la rente p. 69. in 8 Guillaumin et C° éditeurs 1878.

II

Qu'est-ce qu'un amortissement ? Que nous enseignent les auteurs ? Sur quoi doivent être prélevés les amortissements ?

Amortir une dette veut dire qu'on l'éteint successivement, au fur et à mesure que des excédants de revenu ou de recettes se produisent. Il n'est pas possible de mettre en doute, pour un Etat pas plus que pour un particulier, l'utilité incontestable d'amortir dans les temps prospères les dettes contractées dans les moments difficiles. Le principe de l'amortissement est donc, en lui-même excellent. Mais il ne peut avoir véritablement lieu que lorsque les revenus d'un Etat sont supérieurs à ses dépenses annuelles : alors ces amortissements deviennent faciles : la plus simple et la meilleure manière d'agir, lorsqu'un Etat a un excédant de recettes est de (1) « *se hâter d'acheter des inscriptions de rente et de les annuler*... C'est en faisant croire à la nation que sa dette, quelque immense qu'elle soit, pouvait être acquittée par le produit mystique d'opérations financières que le gouvernement anglais est parvenu à l'extension démesurée des emprunts répétés.... *On a pendant un temps emprunté chaque année plus qu'on n'a remboursé et le résultat a été une dette toujours croissante...* Une nation non plus qu'un particulier ne s'affranchissent d'une dette et des obligations qu'elle impose qu'en proportion de la supériorité qu'on parvient à maintenir de leurs recettes par dessus leurs dépenses et qu'on les rembourse à mesure qu'on a des sommes disponibles. Tout autre amortissement est un pur charlatanisme, dont il ne résulte aucun avantage réel pour l'Etat. »

Et dans son chapitre « De la *consommation des richesses* » que

---

(1) J.-B. Say. Du remboursement de la dette publique. p. 465· T. 11.

nous a appris encore J.-B. Say : « Pour un Etat comme pour un particulier, il n'y a pas deux moyens de s'affranchir de ses dettes. Cet unique moyen est d'y consacrer l'excédant de ses revenus sur ses dépenses. (1)

C'est la même pensée que M. G. du Puynode exprime dans son intéressant chapitre sur le Crédit Public, inséré dans le *dictionnaire de l'Economie politique*. « Il ne saurait y avoir d'autre moyen pour se libérer, pour un Etat, comme pour un particulier, que d'appliquer ses revenus à liquider ses emprunts. »

Nous pourrions donner encore d'autres citations : les maîtres de la science économique, Rossi, Michel Chevalier, Garnier, Wolowski, ont toujours enseigné qu'il n'y avait d'amortissement *réel* que là où se trouvaient des excédants *réels* : que l'amortissement d'une dette ne pouvait s'effectuer qu'autant que c'étaient les excédants mêmes des revenus qui permettaient de faire fonctionner cet amortissement.

Eh bien que, faisons-nous depuis plusieurs années ? C'est avec le plus grand mal que l'on cherche à établir l'équilibre du budget ; cette année, il se soldera en déficit de 60 à 65 millions, d'après les paroles de M. le Ministre des Finances. L'année prochaine, nous ne savons comment on parviendra à ne pas augmenter ce déficit. Nous avons une dette flottante énorme ; nos impôts sont excessifs. Et nous amortissons ? Est-ce exact ? Nous avons encore à émettre une série d'emprunts en rentes amortissables ; pendant que nous en rembourserons une partie, tous les ans à 100, nous emprunterons de nouveaux fonds à 80 et on appelle cela un amortissement ?

N'agissons-nous pas comme cet Etat que rappelait l'illustre

Excédant des revenus sur les dépenses.

Maxime de M. du Puynode.

Ce que pensent Rossi, Michel Chevalier, Garnier, etc.

Ce que nous faisons.

Le déficit du budget.

Dette flottante et impôts.

Amortissons-nous ?

Un exemple de Rossi.

(1) De la consommation des richesses. — J.-B. Say. P. 547. Traité d'économie politique. — Guillaumin et C° édit. de 1881.

Rossi ? « Cet Etat avait, je suppose, 100 millions de revenu ; on a commencé par les dépenser en frais de guerre, de marine, de travaux publics, d'administration, etc., et il n'est resté de quoi payer ni les intérêts de la dette, ni l'amortissement. Alors on a emprunté pour faire face à ce double besoin ; on a créé un nouvel intérêt annuel, plus une nouvelle allocation pour l'amortissement de ce surcroît de principal, de sorte que si l'on était grevé auparavant de $10+2=12$ pour l'ancien emprunt et l'amortissement, on s'est trouvé l'être de 10 pour l'ancien emprunt, plus 3, par exemple pour le nouveau, plus 2 pour l'ancien amortissement, plus 1, par exemple, pour celui du nouvel emprunt, c'est-à-dire de 16 ; et puis, on a continué ainsi tous les ans... ».... C'était la main gauche qui prêtait à la main droite ; on prenait dans la même bourse et l'on voulait qu'il y eût quelque chose de changé. A faire passer des écus d'un sac dans l'autre, il n'y a rien à gagner il n'y a qu'à se fatiguer. Ici, il y avait de plus les frais d'administration » (1). Et Rossi terminait sa démonstration par cette phrase significative, véritable maxime : « *Il ne peut y avoir d'amortissement qu'autant que le revenu est suffisant pour pourvoir aux dépenses nécessaires, pour payer l'intérêt et pour fournir une parcelle du capital : sans cela il n'y a rien de réel dans l'opération. Si pour amortir il faut emprunter, il est impossible que la situation change* » (2).

Voyons maintenant où nous mènent les créations successives de rentes amortissables. Nous supposons que tous les emprunts puissent se faire au taux de 80 fr. pour 3 fr. de rentes. Nous empruntons donc 80 fr. et nous les remboursons à 100 fr. Que cette différence de 80 à 100 fr. soit remboursée en plusieurs années, il n'en est pas moins exact que l'emprunteur — l'Etat

----

(1) Rossi, p. 251 252.
(2) Rossi, XVIIᵉ leçon d'économie politique, p. 252.

— aura bien payé à son préteur, — le rentier, — 20 0|0 en plus de son intérêt annuel. Avant peu d'années l'Etat aura emprunté, 8 à 10 milliards en 3 0|0 amortissable : combien sera-t-il obligé de rembourser ? 10 à 12 milliards. Cette différence de 2 milliards, sur quoi sera-t-elle prélevée ? Sur les excédants de revenus ? Non, puisque nous n'en avons pas et que le budget est en déficit. Ce sera donc sur les impôts, et ces impôts, il faudra ou bien les maintenir au chiffre élevé auquel ils sont actuellement, ou bien encore les surélever davantage dans le cas où ils produiraient moins que dans le passé. Qui paie les impôts ? Les contribuables. Or, un amortissement effectué au moyen d'un prélèvement, d'un maintien ou d'une augmentation d'impôts ne peut être considéré comme une opération avantageuse pour le pays.

Sans doute, la dette publique a augmenté depuis un quart de siècle dans de telles proportions qu'on se demande, non sans effroi, à quels chiffres énormes elle ne pourrait pas s'élever encore, étant donnés ces besoins de dépenses qui se manifestent de tous les côtés.

Depuis le premier milliard que saluait M. Thiers, que de chemin n'avons-nous pas parcouru ! L'Empire avait entamé le deuxième milliard. Le budget de 1882 s'éleva à 3,044 millions, comme budget ordinaire ; avec le budget extraordinaire, les dépenses des communes et des villes, les services divers rattachés par ordre au budget, nous dépensons 4 1/2 milliards aujourd'hui : avant peu, la France, d'une façon ou d'une autre, paiera 5 milliards par an, de contributions, d'impôts de toute nature. Il y a donc une préoccupation généreuse à vouloir enrayer ce mouvement croissant des dépenses, à vouloir non augmenter, mais diminuer la dette publique.

Est-ce bien, dans la situation actuelle des finances, l'emploi de la rente amortissable qui nous conduira vers cette véritable terre promise : la réduction de la dette ? Nous ne le croyons pas, tant que cet amortissement s'effectuera sur les mêmes bases qu'aujourd'hui. Loin de diminuer nos charges, nous les augmentons. Nous créons une dette remboursable en *capital* alors qu'en réalité, l'État qui est perpétuel, ne doit que des intérêts. Tous les emprunts effectués jusqu'à ce jour en 3 0/0, en 4 1/2, en 5 0/0 n'obligent l'État qu'à une chose : servir les intérêts annuels. Quand on ouvre le budget, on y voit *tant* d'intérêts inscrits pour le service de ces rentes ; le capital nominal de la dette, les sommes fournies lors de l'émission de ces divers emprunts, ne trouvent aucune place dans le budget. On écrit, dans le budget, que la France doit *tant* en intérêts pour sa dette, mais il n'est pas question de capital.

(En marge : Le 3 0/0 amortissable et la réduction de la dette.)

(En marge : Dette en capital.)

(En marge : Dette en intérêts.)

Quand, au contraire, la rente amortissable aura pris le développement prévu, quand il en aura été émis pour 8 ou 10 milliards, et que le service annuel des intérêts et de l'amortissement de ces emprunts exigera 450 à 500 millions, c'est-à-dire des sommes supérieures à celles des rentes 3 0/0 et 5 0/0, alors on se préoccupera de l'énormité du *capital* représenté par ces emprunts, du chiffre énorme qu'il faudra rembourser. On aura beau dire que les annuités consacrées au service de la rente amortissable comprennent à la fois et les intérêts et l'amortissement ; le public sera préoccupé tout à la fois et de la *somme d'intérêts* à payer tous les ans et de la *somme du capital*. Au lieu d'avoir une seule préoccupation, il en aura deux. On verra se réaliser ces paroles d'un de nos plus illustres économistes. « Rien de plus délicat que la matière de l'amortissement ; l'État ne saurait être assimilé d'une manière absolue à un particulier et on ne saurait lui appliquer à l'aveugle le proverbe : « Qui paie ses dettes s'enrichit. » Ce

(En marge : Préoccupations de l'avenir.)

(En marge : Une maxime de Wolowski)

n'est vrai qu'autant qu'il ne risque point d'écraser l'instrument du travail général » (1).

Les Compagnies privées et l'amortissement. Mais, nous dira-t-on, les compagnies de chemins de fer, les sociétés industrielles, les compagnies financières amortissent les emprunts qu'elles contractent. Les compagnies de chemins de fer, en émettant des obligations dotées d'un intérêt fixe et remboursables à un prix supérieur à celui de l'émission, ne se sont pas ruinées. Pourquoi donc l'Etat ne peut-il faire de même ?

Comment elles procèdent. Une simple comparaison facilitera notre réponse.

A quelles sources de produits, ces compagnies puisent-elles les capitaux nécessaires à l'amortissement et au remboursement de leurs emprunts ? Elles prélèvent ces capitaux sur les bénéfices de leurs actionnaires. A peu d'exceptions près, les statuts de ces compagnies contiennent un article conçu à peu près en ces **Statuts sociaux.** termes : « *Sur l'excédant des recettes*, après l'acquittement de « toutes les dépenses et charges de la société, il sera prélevé : « 1° une retenue de. . . 0/0 du capital social destiné à consti- « tuer un fonds d'amortissement afin que le capital social soit « complétement amorti pendant la durée de la conversion ; « 2° la somme nécessaire pour servir aux actions amorties un « intérêt de. . . 0/0 par an. . . , etc., etc. »

Plus la période durant laquelle l'amortissement doit agir est longue et plus la retenue au profit du fonds d'amortissement est faible.

Huit centimes suffisent pour amortir 100 francs en 99 ans à 4 0/0 ; 50 centimes pour amortir 100 francs en 56 ans 8 jours ; 2 fr. pour amortir 100 fr. à 4 0/0 en 28 ans 4 jours.

Autre système. Un autre système d'amortissement très fréquemment em-

---

(1) Rapport fait par M. Wolowski au nom de la Commission du budget sur les recettes et dépenses du budget de 1876.

ployé, lui aussi, consiste à rembourser tous les ans, par voie de tirage au sort, un certain nombre d'actions ou d'obligations fixé à l'avance par le calcul des sommes dont le fonds d'amortissement peut disposer chaque année. « Ce système est le plus simple et le meilleur, lorsque les *produits nets et réguliers* de l'entreprise équivalent au moins à 4 0/0 du capital social en sus de la retenue pour amortissement ; mais il n'en serait pas de même si les bénéfices, déduction faite de la retenue, étaient inférieurs à 3 ou 4 0/0 du capital, parce qu'alors ou l'amortissement serait compromis, ou son service absorberait tous les profits et ne laisserait rien ou presque rien aux actions » (1).

Produits nets et réguliers.

A quelles sources l'Etat puise-t-il les sommes nécessaires à l'amortissement de sa dette lorsqu'il émet du 3 0/0, amortissable ? Est-ce sur ses *bénéfices*, c'est-à-dire sur ses excédants budgétaires ? Non, puisqu'il n'a pas d'excédants, puisque nos budgets sont difficiles à équilibrer, puisque le budget de 1883 se soldera au minimum par 65 millions de déficit. Il effectue donc ces amortissements au détriment des contribuables, c'est-à-dire par l'impôt et l'emprunt.

L'État et l'amortissement.

Les bénéfices.

L'impôt et l'emprunt.

Certes, nous comprendrions l'amortissement de la dette publique si l'Etat avait des excédants budgétaires ; mais tant qu'il n'en est pas ainsi, et qu'il est pratiqué au moment où le contribuable paie des taxes excessives, l'amortissement n'a rien de réel ; ce n'est qu'une fiction séduisante.

Amortissements et excédants budgétaires.

Fiction séduisante.

« Amortir en prenant à la masse des producteurs des capitaux nécessaires, pour les distribuer, sans y être obligé, à un petit nombre de rentiers, c'est faire passer l'argent de la main droite qui l'emploie habilement à la main gauche qui l'emploie beaucoup moins bien.

---

(1) *Dictionnaire d'Economie politique* de Guillaumin. T. 1er, p 54.

Quand les fonds proviennent d'un emprunt.

« L'amortissement n'est encore qu'une fiction et une illusion quand les fonds qu'on lui consacre proviennent d'un emprunt ou lorsqu'on le pratique au moment où l'on prévoit qu'on aura encore à recourir au crédit.

Quand les impôts sont modérés.

L'amortissement n'est praticable que lorsque les impôts sont modérés, que « l'instrum nt de travail général, » suivant l'expression du regretté M. Wolowski, ne risque point d'être écrasé. Et il ne doit être pratiqué, même en temps de grande prospérité, en temps de pleine sérénité financière que sur des excédants de recettes.

De l'emploi des excédants de recettes.

« Tant que les impôts n'auront pas été ramenés à leurs proportions normales, tout excédant de recettes doit être consacré à les diminuer. Quant aux réductions, nous l'avons dit, elles doivent toujours recevoir, sauf de rares exceptions, cette unique destination » (1).

Les *boni* des budgets.

Nous savons bien que lorsque les budgets se soldent en excédant, lorsqu'il y a un *boni*, les pouvoirs publics paraissent beaucoup plus disposés à entreprendre de nouvelles dépenses plutôt qu'à employer ce *boni* pour éteindre une partie de la dette. Aussi le régime des rentes ou des obligations amortissables « par tirages successifs a ceci de précieux qu'il *contraint* « l'Etat à réduire sa dette et que cette réduction étant uniforme, « modique d'ailleurs, peut être facilement inscrite parmi les « dépenses ordinaires du budget » (2).

Législateurs et législation.

N'est-ce pas, en vérité, un bien grand malheur que de voir les pouvoirs publics, les gardiens de la fortune de tous, obligés de s'imposer à eux-mêmes des règles de conduite pour ne pas enfreindre les lois qu'ils ordonnent ? Si

---

(1) Voir notre brochure : « *Les Contribuables et la Conversion de la Rente.* Paris, 1878, chez Guillaumin et C", éditeurs.

(2) *Traité de la Science des Finances*, par P. Leroy-Beaulieu, membre de l'Institut, T. II, p. 224.

les gardiens ne peuvent se garder eux-mêmes, qui donc les sauvegardera ! » *Quis custodiet custodes ipsos ?*

En démontrant les séductions et les illusions de l'amortisse-ment, nous n'avons voulu défendre que les vrais principes de l'économie politique, telle que nos maîtres nous l'ont enseignée, telle que l'expérience en confirme les vérités.

Les principes de l'économie politique.

Nous n'entendons pas cependant soutenir que l'accroisse-ment du montant nominal de la dette ne doive pas avoir de limites. Nous croyons qu'il peut être dangereux pour le crédit de l'Etat lorsqu'il atteint des chiffres tellement considérables qu'ils frappent et effraient les imaginations.

Du montant nominal de la dette.

L'amortissement peut être fort ntile, mais à condition qu'il soit autrement pratiqué qu'il ne l'a été jusqu'ici en France et qu'il le soit avec de grands ménagements. Car c'est une fatalité inhérente à la condition de l'Etat d'emprunter d'une façon onéreuse et d'amortir de même.

Où l'amortissement est utile.

On a, dans ces derniers temps, fait valoir plus que de raison l'importance des amortissements effectués depuis dix ans. On a cité de gros chiffres (1), un total de 2,137,420,000 fr. ;

(1) Voici le détail de ces remboursements d'après les chiffres officiels. Les sommes y sont exprimées en milliers de francs.

ANNÉE	BANQUE de France	OBLIGATIONS à court terme	3 0/0 amortissable	TOTAL
1872	200.000	»	»	200.000
1873	200.000	»	»	200.000
1874	200.000	»	»	200.000
1875	225.000	»	»	225.000
1876	150.000	»	»	150.000
1877	150.000	»	»	150.000
1878	150.000	»	»	150.000
1879	150.000	»	8.142	158.142
1880	»	167.000	3.142	170.142
1881	»	124.000	3.142	127.142
1882	»	104.868 1/2	10.125 1/2	114.994
Totaux	1.425.000	895.868 1/2	19.551 1/2	1.840.420

Amortissements divers pendant la même période . . 297.000

Total général. 2.137.420

mais peut-on mettre cette somme en balance avec les aggravations de charges annuelles, avec les augmentations budgétaires accumulées pendant cette période, avec le développement si menaçant de la dette flottante ?

Ce que gagnent les rentiers.

L'Etat ne doit pratiquer l'amortissement que lorsqu'il peut y consacrer des excédants de recettes ; hors de là, c'est une illusion dont les contribuables paient les frais. Voilà pourquoi,

Ce que perdent les contribuables.

dans ces conditions, une rente amortissable est *désavantageuse* pour l'Etat, tandis qu'elle est *avantageuse* pour les rentiers, car ces derniers gagnent avec elle tout ce que les contribuables y perdent.

CHAPITRE II.

L'Etat Banquier.

Questions
de principes.

Ce ne sont pas seulement les questions de principes qui, au seul point de vue de l'économie politique, ont été mises en jeu par la création de la rente amortissable ; au point de vue purement financier, l'Etat a assumé une charge bien lourde.

Questions
financières.

Obligé d'emprunter, il doit rechercher sans cesse les meilleurs moyens d'effectuer ses emprunts, les meilleurs systèmes de placement pour ses titres. Il doit agir comme un banquier qui

Les banquiers
et l'État.

s'enquiert à tout moment des désirs et des besoins de sa clientèle, recherche les combinaisons les plus séduisantes pour faire accepter, par cette clientèle, les opérations qu'il doit lui proposer. Or, l'Etat, être impersonnel, n'a jamais eu les qualités nécessaires à un bon banquier : cette raison seule suffirait

Les imitations de
l'État.

pour expliquer comment des compagnies privées réussissent à faire accepter telle ou telle combinaison financière tandis que l'Etat, essayant d'agir de même, réussit difficilement et parfois échoue.

Quand la rente amortissable a été créée, le type auquel le Gouvernement s'était arrêté était calqué, avons-nous dit, comme revenu et comme délai d'amortissement, sur les obligations 3 0/0 de chemins de fer. Le délai d'amortissement était de 75 ans. C'était là un terme rapproché de celui des obligations qui sont aujourd'hui en circulation. Il correspond à l'année 1953. Or, la

Le terme
des concessions
de chemins de fer.

concession du chemin de fer du Nord finit en 1950 ; celle de l'Est, en 1954 ; celles d'Orléans et de l'Ouest, en 1956 ; celle de Lyon en 1958 ; celle du Midi en 1960. On fixa donc comme dernière année d'amortissement pour le 3 0/0 amortissable, l'année 1953 et on organisa un amortissement en 75 ans par tirages au sort annuels.

On adopta également un type de titres rapportant 15 fr , remboursables à 500 fr., comme les obligations de chemins de fer. La seule différence consistait et consiste en ceci que les obligations de chemins de fer ont à subir une retenue pour les impôts sur la transmission et sur le revenu, tandis que le 3 0/0 amortissable, fonds d'Etat, en était naturellement exempt comme tous les titres de rente sur l'Etat, en France. Mais déjà, et pour ses débuts, l'Etat trahissait sa faiblesse comme banquier.

Du moment, en effet, où il voulait faire une assimilation complète entre les nouvelles obligations d'Etat et les obligations de chemin de fer, il ne devait pas seulement se borner à une assimilation *matérielle* ; il aurait dû, logiquement, adopter les mêmes systèmes d'émission employés par les compagnies ; quand il a voulu le faire, l'insuffisance de ses moyens a paru évidente.

L'Etat a commis une faute plus grave, celle de coter le 3 0/0 amortissable sous forme de titres rapportant 3 fr., se négociant à tant pour cent, comme le 3 0/0 ancien. Pourquoi ne pas avoir dénommé le nouveau titre : « *Obligation d'Etat* ou *obligation des Travaux publics de l'Etat 3 0/0, rapportant 15 fr., remboursable à 500 fr.* ? Pourquoi ne pas l'avoir fait coter, sous forme d'obligation, c'est-à-dire à 400 fr., 410 fr., etc. Tout le monde aurait compris ce que représentait et ce qu'était réellement le nouveau titre. Les négociations, au lieu de s'établir sur 15 francs de rentes et multiples, c'est-à-dire 30 francs, 45 francs, 60 francs, 75 francs, 90 fr., 105 fr. de rentes amortissables, etc., se seraient faites par « nombre d'obligations. » On aurait acheté 2, 10, 20, 100 obligations amortissables, au lieu d'acheter 30 fr., 150 fr., 300 fr., 1,500 fr. de rentes amortissables. Il était d'autant plus logique d'agir ainsi que le plus petit coupon de rente amortissable est de 15 fr., alors que c'est seulement le type purement nominal et imaginaire de 3 francs de rente qui est coté.

De plus, la diversité des systèmes d'émission devait éloigner le public. L'Etat a vendu ses rentes à la Bourse, puis à un cours fixe, par les receveurs des finances, puis au cours moyen, puis, en faisant une émission publique. *[Diversité des systèmes d'émission.]*

Ici se pose une question intéressante. Aurait-il obtenu de meilleurs résultats s'il s'était borné à dire au public qu'il pourrait se procurer, au cours de la Bourse, les rentes dont il aurait besoin, aux guichets des agents du Trésor, absolument comme les banques, les compagnies financières, les compagnies de chemins de fer, disent à leur clientèle qu'elles délivrent tel ou tel titre aux guichets de leurs correspondants ou à leurs propres caisses ? Cette mesure, employée par les banquiers et par les sociétés, eût-elle réussi à l'Etat ?

Les grandes compagnies, en effet, procèdent ainsi qu'il suit :

1° Elles affichent, chaque jour, dans leurs gares, le prix auquel elles entendent vendre leurs obligations ; *[Comment procèdent les Compagnies.]*

2° Elles délivrent *immédiatement* les titres qui leur sont demandés, titres contre espèces, ou bien, dans un très court délai pour les localités éloignées ;

3° Tous les agents de change ont chaque jour un nombre limité d'obligations qu'ils peuvent céder à leur clientèle ou vendre en Bourse au prix qui leur convient sans descendre au-dessous du prix fixé par la Compagnie ;

4° Les institutions de crédit et les principales maisons de

banque, moyennant une légère rémunération se chargent du placement desdites obligations dans leur clientèle.

Mais on voit de suite que ces procédés financiers, excellents pour les grandes Compagnies et qui leur ont permis d'écouler sans bruit dans le public pour près de 10 milliards d'obligations, présentent, pour l'Etat, de grandes difficultés d'exécution.

Les cours cotés à la Bourse.

Les Compagnies doivent surveiller, chaque jour, les cours cotés à la Bourse, sur leurs titres ; empêcher que ces cours ne s'élèvent trop haut ou ne s'abaissent pas au dessous d'une certaine limite.

Intervention sur le marché.

Il faut que les prix auxquels elles placent les obligations en dehors de la Bourse, correspondent au cours coté à la Bourse même. Quand des ventes trop nombreuses se produisent, elles

Hausse des cours.

soutiennent le marché, réagissent contre la baisse, rachètent, au besoin la plus grande partie des titres offerts. Veulent-elles, au contraire, vendre leurs obligations à un taux un peu plus élevé ? Par des achats suffisants, opérés en Bourse, elles surélèvent les prix cotés.

Une Compagnie de chemins de fer a besoin de vendre, à ses guichets, 100,000 obligations. Pendant tout le temps qu'elle mettra à placer ces titres, elle opérera, à la Bourse, de nombreux achats et de nombreuses ventes ; pour employer

Servir les demandes ; racheter les titres offerts.

les expressions consacrées, elle *servira* les demandes qui lui seront faites ; elle « *rachètera* » les titres qui lui seront offerts. Quand elle aura placé la totalité de ses 100,000 obligations,

Ce que peut faire l'Etat.

elle aura dû quelque fois opérer des négociations, achats ou ventes, sur plus de 150,000 titres.

Des fluctuations des cours des rentes.

Or, l'Etat peut-il agir de la sorte ? En a-t-il le droit ? Les rentes d'Etat ne subissent-elles pas des influences que n'éprouvent pas les titres de compagnies industrielles ? La multiplicité des titres de rentes 3 0/0, 4 0/0, 4 1/2 0/0, 5 0/0, n'est-elle pas une cause déterminante de fluctuations plus sensibles dans les cours ? Le jour où l'Etat aurait adopté un *prix fixe* pour le placement de ses rentes amortissables, ne faudrait-il pas que les autres rentes restassent stationnaires, immuables, pendant tout le temps que durerait le placement ? S'il n'adopte pas de *prix fixe* et qu'il délivre ses titres *au cours coté*, ne peut-il pas rester livré à tous les agissements de la spéculation qui fera alternativement baisser et hausser les rentes pour acheter bon marché à l'Etat des titres qu'elle revendra le lendemain, le jour même, à un prix plus élevé ? L'Etat n'a donc pas les mêmes moyens d'action que les compagnies privées. Il peut certainement employer les mêmes titres, servir le même intérêt, offrir le même taux de remboursement, mais un ministre hésitera toujours à employer les mêmes modes de place-ment, parce qu'il ne peut ni ne doit faire des opérations de bourse.

C'était donc une illusion de croire, comme on le disait, le 12 janvier 1878, dans l'exposé des motifs du projet de loi portant création de la rente amortissable que « cette rente serait émise au fur et à mesure des besoins, par l'inter-médiaire des nombreux guichets de receveurs généraux et particuliers et au besoin des percepteurs, *à des cours déter-minés et fixés de jour en jour, suivant le niveau du credit public* » (1). Agir ainsi, c'était faire intervenir l'Etat sur le marché des fonds publics ; c'était faire de l'Etat un banquier ayant une grande agence de placements de titres. Or, l'Etat n'est pas fait pour ce rôle.

L'Etat, du reste, est souvent peu soucieux de ses propres intérêts : il oublie qu'il a, lui aussi, de grands besoins de capi-

---

(1) Exposé des motifs déposés à la Chambre le 7 février 1878.

taux. Dans bien des cas, il doit accorder et il accorde soit à des sociétés particulières, soit à des villes, à des communes, l'autorisation d'effectuer des émissions. Les pouvoirs publics autorisent à chaque instant de nombreux emprunts munici-paux ; le Ministre des Finances ne peut empêcher les em-prunts étrangers de venir solliciter les capitaux français ; à chaque instant des valeurs nouvelles françaises et étrangères sont admises aux négociations officielles de la Bourse. Il n'y aurait rien à objecter, si l'Etat, qui lui aussi, a de grands em-prunts à émettre, ne laissait pas tout le monde passer avant lui, s'il n'était pas obligé souvent d'attendre que les épargnes du pays soient reconstituées pour pouvoir se permettre de faire aux capitaux des appels que des compagnies privées, que des gouvernements étrangers ne se font pas faute d'adresser avant lui.

N'avons-nous pas un exemple frappant de cette situation ?

Malgré la crise financière de 1882, les Compagnies de chemins de fer ont pu, comme d'habitude, placer 200 mil-lions d'obligations. L'Etat, lui, a reculé devant l'émission d'un emprunt en rentes amortissables. A l'heure actuelle, pendant qu'il hésite encore à effectuer un emprunt, — indispensable au plus tard en 1884, — le Crédit Foncier prépare une émis-sion de 200 millions d'obligations foncières ; la ville de Paris est à la veille d'émettre des Bons du Trésor municipal ; les gouvernements étrangers, eux aussi, vont s'adresser à nous. Tous ces faits, ne prouvent-ils pas, jusqu'à l'évi-dence, que l'Etat ne possède aucune des qualités néces-saires à un banquier ; et que dès lors, lorsqu'il s'occupe d'af-faires financières, telles que l'émission d'emprunts, le place-ment de titres de rentes, il doit agir promptement et employer les moyens les plus simples, les plus connus pour faire connaître, pour *populariser* les rentes qu'il désire placer dans le public.

CHAPITRE III.

Comment populariser la Rente amortissable?

Malgré tout le bruit qui, depuis sa création, s'est fait autour de la rente amortissable, c'est, à l'heure actuelle, de tous nos fonds d'Etat, le moins connu, le moins vulgarisé. Toutes les mesures qui seront prises pour le mieux faire apprécier, pour le populariser, faciliteront son classement définitif dans les portefeuilles des capitalistes et des rentiers et aideront au placement des titres que l'Etat émettra ultérieurement.

Les rentes 3 0[0, 5 0[0, les obligations de chemins de fer sont connues de tout le monde, sont disséminées partout : c'est à cet admirable classement des rentes 3 0[0 et 5 0[0, réparties aujourd'hui entre plus de 4 millions d'inscriptions, que sont dus, pour beaucoup, et la plus value des fonds publics et le maintien de hauts prix, malgré les épreuves traversées par le pays depuis 13 ans. Les plus petites coupures de rentes 3 0[0 et 5 0[0 sont entrées dans les plus humbles caisses : il n'existe pas de titres plus populaires : c'est donc cette popularité, si nous pouvons nous exprimer de la sorte, cette vulgarisation qu'il s'agit d'obtenir pour le 3 0[0 amortissable, si, comme tout le fait supposer, l'Etat doit se servir de cette rente pour ses emprunts futurs. *(Le classement des rentes 3 0/0 et 5 0/0. — Nécessité de la vulgarisation du 3 0/0 amortissable.)*

Pour faire connaître une valeur, pour la recommander au public, l'Etat possède une organisation financière dont l'importance et l'influence sont considérables. Il existe, en France et en Algérie 89 trésoriers généraux; 273 receveurs particuliers des finances; 5220 percepteurs dans les villes et les communes. Voilà donc environ 5600 agents, connus du public, en *(Organisation financière de l'État.)*

relations presque quotidiennes avec lui. Ces agents sont si précieux, exercent une telle influence, que, de tous temps, banquiers, compagnies financières et autres ont essayé de s'adresser à eux pour obtenir leur concours dans les émissions ou les placements de valeurs. Le Crédit Foncier de France, en raison de son caractère spécial, est le seul établissement qui ait obtenu l'autorisation de s'adresser aux agents du Trésor pour le placement de ses obligations. Des circulaires ministérielles ont toujours défendu à ces mêmes agents de prêter leur appui à quelque entreprise que ce fût, à l'exception du Crédit Foncier.

Quels devraient être les propagateurs de la rente amortissable ? — Ces agents devraient donc être tout d'abord les plus actifs propagateurs de la rente amortissable. Que le Gouvernement ait ou n'ait pas de rentes amortissables à placer, les trésoriers généraux, receveurs particuliers, percepteurs, devraient faire

Exécution des achats et des ventes. — connaître qu'ils se chargent d'exécuter les ordres d'achats et de ventes de rente amortissable ; dans leurs bureaux, des no-

Notices explicatives. — tices explicatives devraient être mises à la disposition du pu-

Affiches. — blic. Au besoin même, des affiches devraient être apposées dans les bureaux du Trésor et de ses agents. On publierait

Publication des cours. — jour par jour, les cours de la rente amortissable, le revenu net qu'elle donne d'après ce cours, la prime de rem-

Danger des réclames. — boursement qu'elle assure. Ce serait, dira-t-on, de la réclame. Nous n'en disconvenons pas. Mais pourquoi donc serait-il défendu à l'Etat de faire un peu de réclame pour lui, quand il en laisse faire pour les autres ? Quel danger, quel inconvénient les agents du ministère des finances éprouveraient-ils à recommander, à leurs guichets, une valeur que les ministres eux-mêmes considèrent comme la première de toutes, qu'ils recommandent du haut de la tribune, dont ils n'ont cessé de faire le plus grand éloge ?

Les rentiers et le Trésor. — Un rentier se rend au Trésor ou bien aux caisses des trésoriers généraux et receveurs particuliers, pour encaisser ses coupons de rentes : il sait d'avance ce qu'il doit recevoir, la somme qui lui restera disponible et qu'il pourra placer. Pourquoi ne profiterait-on pas de sa présence pour lui remettre une ou plusieurs de ces notices dont nous parlons, concernant les rentes amortissables ? Pourquoi ne lui ferait-on pas connaître qu'il peut immédiatement donner ses ordres d'achat, s'il veut acheter, donner ses ordres de vente, s'il veut vendre ?

Quand on suit attentivement ce qui se passe au Trésor, au moment des échéances trimestrielles de coupons de rentes, on voit une grande quantité de rentiers encaisser leurs arrérages et se rendre ensuite chez leurs agents habituels pour placer leurs économies. C'est cependant cette clientèle que le Trésor devrait retenir ; il n'a pas besoin, pour cela, d'employer de grands efforts : qu'il indique les opérations dont il peut se charger; qu'il fasse connaître les avantages divers de la rente amortissable ; qu'au besoin, un bureau de renseignements soit ouvert au public ; en un mot, que le Trésor public ne se borne pas à recevoir les rentiers pour leur payer leurs coupons, mais qu'il sache les renseigner sur la valeur qu'il a intérêt à vulgariser: les résultats d'une telle propagande seront éminemment favorables au crédit de l'Etat et au placement de ses rentes amortissables.

Clientèle à retenir.

Propagande utile.

Les procédés que les agents du Trésor pourraient employer devraient être également recommandés aux caisses d'épargne. Nous nous rappelons que, en juillet 1878, lors de la première vente de rentes amortissables à la Bourse de Paris, un de nos intimes amis faisait immédiatement donner l'ordre à une des plus grandes caisses d'épargne, d'acheter, à la prochaine Bourse, de la rente amortissable, pour le compte de ses enfants, titulaires de livrets à cette caisse. Ce ne fut pas sans difficultés

Ce que ne font pas, ce que pourraient faire les caisses d'Épargne.

Ce qui s'est passé en 1878.

que cet achat fût exécuté. Les directeurs ignoraient même jusqu'à l'existence de la rente amortissable et de son admission à
la cote de la Bourse.

Ce que les déposants ignorent.

A l'heure actuelle encore, la plupart des déposants achètent
du 3 0[0, du 5 0[0, quand ils ont une somme suffisante à leur
crédit. Pourquoi agissent-ils ainsi? Parce qu'ils ne connaissent
pas les avantages de la rente amortissable; parce qu'ils ne savent
pas ce qu'est effectivement cette rente, comment les intérêts se
paient, comment les remboursements s'effectuent, ce que veut
dire même ce mot « *amortissable.* » Ces gens économes viennent de confiance placer leur argent à moins de 3 1[2 0[0 *net,*
à la caisse d'épargne. Ils s'adressent à cet établissement parce
que, pour eux, c'est l'Etat, et que c'est à l'Etat qu'ils font
crédit.

Ce qu'on devrait leur apprendre.

Eh bien, si à partir du moment où ils possèdent à leur avoir
une somme suffisante pour acheter un titre de 15 fr. de rentes
amortissables on venait leur dire : « les 400 fr. que vous avez
déposés à la caisse d'épargne vous rapportent 13 à 14 fr. ; si
vous achetez 15 fr. de rentes amortissables, rente d'Etat, vous
aurez 15 fr. de revenu; de plus, vos 400 fr. vaudront un jour
500 fr. Si vous avez besoin de vendre votre titre, nous nous
en chargerons ; si vous ne voulez pas le vendre et que vous
ayez besoin d'argent, vous pouvez encore vous adreser à nous :
nous vous ferons, par l'entremise de la Banque, une avance
de 80 0[0. » Quel rentier hésiterait ?

Cette clientèle des Caisses d'épargne est immense ; elle est
fidèle entre toutes, très sûre ; elle s'augmente sans cesse (1) ;
pourquoi ne pas chercher à l'attacher au nouveau fonds ?

---

(1) Au 1er janvier 1882, le nombre des déposants à la caisse d'Epargne de
Paris était de 402,279. Il s'élevait au 31 décembre dernier à 440.694 ; en un an
seulement il s'est donc accru de 37,415.

Il serait à désirer que le Gouvernement fît dresser un **Une statistique utile.** relevé du nombre de personnes qui, tous les ans, viennent recevoir des coupons aux guichets du Trésor, et à ceux de ses agents ; qu'il se rendît compte aussi du nombre existant de livrets de caisses d'épargne (ce dernier travail est fait tous les ans par les soins du ministre du commerce) ; cette statistique lui indiquerait de quelle immense clientèle d'élite il **Une clientèle d'élite.** dispose, véritable armée de capitalistes, de rentiers, que nulle autre puissance financière ne possède, et que lui, Etat, ne sait pas utiliser, comme il pourrait le faire, dans l'intérêt de son crédit et pour la bonne tenue des fonds publics.

A un autre point de vue, il serait nécessaire de bien faire comprendre au public que ce 3 0[0 amortissable n'est pas autre chose qu'une *obligation d'Etat remboursable*. C'est une loi qui **Obligation d'État remboursable.** a donné à la rente amortissable le titre qu'elle porte ; il faudrait donc une loi pour changer la dénomination de ce titre. Si les difficultés pour obtenir cette modification paraissaient trop grandes, il est cependant une réforme qu'il serait facile de réaliser. Il s'agit de la cote officielle de la Bourse. Sur **La cote officielle de la Bourse.** cette cote répandue dans tout le monde financier, reproduite par tous les journaux, consultée par tous les rentiers, le libellé de la rente amortissable est ainsi conçu :

« 8 0/0 amortissable, annuités finissant en 1953..... »

Nous désirerions que ce libellé fût ainsi fait :

« 3 0/0 amortissable, annuités finissant en 1953, *divisées en* **Modifications nécessaires.** *coupures de 15 fr. de rentes remboursables par tirages annuels à 500 fr., et multiples.* »

Et, s'il était possible de modifier la loi qui a institué la rente amortissable, nous demanderions que les mots : « 3 0/0 amortissable, annuités finissant en 1953.... » fussent remplacés par les suivants : « *Obligations d'Etat 3 0/0 remboursables à 500 fr. par tirages annuels dont le dernier finit en 1953.* »

La magie des mots. Certes, nous ne croyons pas à la magie des mots ; mais nous croyons fermement que plus les mots expriment des idées simples, mieux ils sont compris par la masse du public et c'est surtout à la masse que l'Etat s'adresse quand il a besoin d'argent.

Cette vérité est bien vieille, et Colbert l'avait éloquemment exprimée :

Une maxime de Colbert. « *Il faut rendre,* disait-il, *la matière des finances si simple* « *qu'elle puisse être facilement entendue par toutes sortes de* « *personnes* et conduite par peu de personnes. Il est certain « que tant plus elle sera facilement entendue et conduite par « moindre nombre de personnes, tant plus elle approchera de « la perfection. » (1)

La cote de la Bourse et les compagnies privées. Il suffit, du reste, de jeter un coup d'œil sur la cote officielle de la Bourse pour voir que des compagnies privées n'ont pas manqué d'y faire inscrire tous les avantages attachés à leurs titres ; quand il y a une garantie de l'Etat, un remboursement, des conventions dans lesquelles l'Etat est intervenu, elles ne manquent pas, — et elles auraient tort de ne pas agir ainsi — de mettre ces importants détails en évidence. Pourquoi donc **L'État, trop avare de renseignements.** l'Etat est-il si avare de renseignements, quand il s'agit de ses propres fonds ?

La cote aux bourses étrangères. Il serait utile, enfin, de faire coter la rente amortissable aux Bourses étrangères : ce serait faciliter les achats des capitalistes étrangers, étendre le marché de cette rente et en faire, peu à peu, un titre international sur lequel des opérations d'arbitrages entre diverses Bourses européennes, pourraient s'effectuer.

---

(1) *Colbert et son Temps* par Alfred Neymarck, Dentu éditeur ; Tome Iᵉʳ page 46, chap. 1ᵉʳ.

CHAPITRE IV.

Le placement de la rente amortissable. — La conversion du 5 0/0. — Conclusion.

En indiquant les principales mesures qui peuvent être facilement adoptées pour aider à la vulgarisation de la rente amortissable, nous croyons rendre ainsi plus facile son placement.

Ce placement peut s'effectuer par plusieurs moyens : par la Bourse, par les agents du Trésor, par une émission publique, par voie d'adjudication.

Il est tout d'abord nécessaire de faire remarquer que ce qui pèse surtout sur le marché de la rente amortissable, c'est la crainte d'émissions répétées de ce titre.

Quand on sait qu'à un moment donné, une quantité de marchandises peut être mise en vente, cette seule appréhension arrête les achats, car on espère acheter meilleur marché au moment de la mise en vente ; elle provoque aussi des ventes de la part de ceux qui espèrent racheter à meilleur compte ; la conséquence est donc la baisse.

Tous les ans, le Ministre des Finances est autorisé à créer des rentes amortissables. Dès que la loi de finances est promulguée, le monde financier suppute le mois, le jour, l'heure où ces rentes apparaîtront sur le marché. Quelquefois on s'attend à une émission prochaine ; elle est retardée ; quand on suppose l'émission bien éloignée, c'est alors qu'elle s'effectue rapidement.

Nous nous rappelons que, sous l'Empire, M. Magne était, dès 1867, autorisé à effectuer un emprunt qu'il mit seulement en souscription en 1869. Une spéculation à la baisse s'était, dès 1868, organisée en vue de cet emprunt qu'on croyait devoir être réalisé immédiatement. Quand M. Magne en fit l'émission, les rentes étaient à leurs plus hauts cours ; les vendeurs à découvert, las d'attendre l'emprunt, avaient été obligés de se racheter. Le Ministre avait été plus habile que les spéculateurs et que les banquiers.

M. Magnin et l'emprunt de 1881.

En 1880, dans les six premiers mois, M. Magnin pouvait faire avec plein succès son émission de rentes amortissables ; le budget prévoyait les annuités nécessaires à cet emprunt ; mais, pour les raisons que nous avons fait connaître dans ce travail, M. Magnin ajourna cette émission au mois de

Comment prévenir et devancer la spéculation.

mars 1881. Il l'effectua dans de moins bonnes conditions que s'il l'avait faite en mai, juin, juillet 1880. La spéculation avait pris les devants.

Ce que le public doit connaître, ce qu'il doit ignorer.

Il serait bien utile d'éviter le retour de semblables faits. Il est de toute justice que le public connaisse, comme toujours, le chiffre d'emprunt autorisé par les Chambres ; mais il serait bon qu'il ne se doutât pas de l'époque à laquelle ces rentes pourraient venir sur le marché.

Exemple des grandes Compagnies.

Les autorisations d'émissions.

Sur ce point, l'exemple des grandes compagnies de chemins de fer pourrait servir à l'Etat. Tous les ans, les compagnies émettent les obligations qui leur sont nécessaires pour continuer leurs travaux. Une compagnie est autorisée à créer et à placer 100,000 obligations. Dès qu'elle a créé ces titres, elle en demande l'inscription à la cote officielle de la Bourse ; aux 2,500,000 obligations, par exemple, inscrites précédemment à la cote, la chambre syndicale des agents de change fait ajouter les 100,000 titres nouveaux. La Compagnie dispose

L'inscription à la cote.

donc de 100,000 obligations, *négociables* dès leur inscription à la cote, qu'elle négocie ensuite, au fur et à mesure de ses besoins et suivant les cours de ces titres.

A la fin de chaque exercice, le Conseil d'administration de la Compagnie rend compte aux actionnaires du nombre d'obligations qu'il a négociées, du chiffre qui lui reste à placer sur celles qui ont été créées, du prix auquel les négociations ont été faites. Ces détails se trouvent tout au long dans les rapports annuels lus aux assemblées d'actionnaires. En agissant de la sorte, les compagnies écoulent sans bruit toutes leurs obligations ; le public ne s'émeut pas de ces émissions faites, qu'on nous pardonne l'expression, sous « le manteau de la cheminée »; il n'y fait même pas attention, tandis qu'il s'effraierait chaque fois qu'il apprendrait qu'une compagnie voudrait vendre quelques milliers de titres. Et il est à remarquer que les compagnies procèdent avec une si grande connaissance des affaires, du crédit, du marché, qu'elles parviennent à réaliser la quantité d'obligations qui leur sont nécessaires, tout en soutenant les cours de leurs valeurs. Il est même assez curieux de noter que leurs placements s'effectuent avec plus de facilité quand les prix sont en hausse, que lorsqu'ils sont en réaction.

Le public rassuré

Placements faits en hausse.

Ne serait-il pas possible à l'Etat d'agir de la même façon ?

Prenons, par exemple, le prochain budget de 1884. Admettons qu'un crédit soit ouvert au Ministère des Finances pour une émission de rentes amortissables ; qu'une annuité de 25 millions soit prévue pour le service des rentes à émettre. Le budget est voté ; ce crédit est accordé ; la loi des finances est promulguée.

Ce que l'État pourrait faire.

Exemple.

A partir de ce moment, nous désirerions que le Ministre des Finances demandât l'inscription à la cote officielle de la Bourse des 25 millions de rentes qu'il a été autorisé à créer, sauf à lui, Ministre, à ne les émettre, à ne les placer qu'au fur et à mesure de ses besoins, dans la proportion qu'il jugera convenable, aux cours qui lui sembleront le plus favorables. A la fin de chaque exercice, le Ministre rendrait compte des ventes qu'il aurait faites, des rentes qu'il aurait réalisées, de celles qui lui resteraient disponibles.

Centralisant dans ses mains les demandes qui peuvent lui être adressées par les Trésoriers généraux, Receveurs particuliers, Caisses d'épargne, le Ministre verrait, jour par jour s'il a intérêt à servir, sur celles qu'il a disponibles, les achats de rentes qui sont réclamés ; si, au contraire, les cours n'étant pas favorables, il ne doit pas plutôt faire acheter à la Bourse les rentes demandées par les Caisses publiques, par **Le ministre maître du marché.** ses agents. De cette façon, le Ministre des Finances peut rester maître absolu du marché de la rente amortissable ; il peut ainsi déjouer tous les calculs de la spéculation à la hausse et à la baisse ; le public ne s'occupera plus de ces émissions successives ; il ne se dira pas, comme aujourd'hui : « M. Léon Say a émis pour 500 millions de rentes ; M. Magnin pour 1 milliard. Combien en émettra M. Tirard ? Combien en émettra son successeur, etc. etc. ? » Il ne se préoccupera que d'une chose : savoir, quand il veut en acquérir, s'il peut en trouver sur le marché, et quand il veut en vendre, s'il peut trouver acquéreur.

La responsabilité du Ministre. On dira, sans doute, que ce système emprunté à celui des grandes compagnies engage la responsabilité du Ministre des Finances ; que c'est, en réalité, laisser à un ministre une liberté **La responsabilité du Parlement.** presque absolue de faire ce qu'il veut. Assurément. Mais c'est au parlement, c'est aux pouvoirs publics qu'appartient, en définitive, le choix du Ministre des Finances, de l'homme qui mérite la confiance de tous, par son honnêteté, sa compétence, sa capacité. Rien n'empêcherait, au surplus, le Parlement, si une telle responsabilité effrayait un Ministre, de constituer à ses côtés un *Conseil supérieur des Finances*, dont nous avons depuis bien longtemps demandé la création, et qui aiderait le Ministre de ses lumières, de ses avis, de ses décisions. Ce serait, auprès du Ministre des Finances, un véritable conseil d'administration technique, agissant au mieux des intérêts de l'Etat.

Un conseil supérieur
des finances.

Si, dans les émissions ultérieures de rentes amortissables, on se sert des agents du Trésor, si on délivre des titres aux guichets de ces agents, nous demanderons encore que les formalités pour l'exécution des ordres d'achat et la remise des titres soient les moins longues et les plus simples possibles.

Les agents du Trésor

Simplification des
formalités.

Si la vente se fait aux guichets du Trésor, il est nécessaire que le public soit certain d'obtenir les titres qu'il demande ; qu'il sache autant que possible, le prix auquel il peut les acheter ; qu'il ne soit pas exposé à ce qu'on n'accepte son ordre que conditionnellement, ou bien qu'on lui réponde qu'il n'y a plus de titres disponibles ou que les prix sont modifiés par suite de la réception d'une dépêche télégraphique expédiée par le Ministre.

Mesures pratiques.

Si les agents du Trésor sont autorisés à délivrer de la rente amortissable soit à un cours fixe, soit au cours moyen de la Bourse, le gouvernement fera bien de s'inspirer des systèmes employés par plusieurs institutions financières et en particulier, par le Crédit Foncier. Ces sociétés délivrent, par exemple, leurs titres, à leurs guichets, au cours de la Bourse ou à un cours fixé, mais en déduisant immédiatement du prix de vente, le montant du prochain coupon à échoir, en ne délivrant les titres que *jouissance du prochain coupon* au lieu de *jouissance courante* du coupon. Une obligation est cotée 500 fr. Ses coupons se paient en janvier et en juillet. Tous les

Cours moyen ou
cours fixe.

Coupon attaché ou
coupon détaché.

titres vendus de janvier à juillet seront délivrés *coupons de juillet détaché*, tous les titres vendus de juillet à janvier, *coupons de janvier détachés*. Comme ces titres se négocient à la Bourse avec le coupon en cours attaché, les spéculateurs qui voudraient profiter d'un bas prix pour acheter aux guichets de la Société et revendre immédiatement à la Bourse, ne pourraient le faire. Quant au capitaliste sérieux, que lui importe, quand il effectue un placement d'avenir, que la Société lui paie de suite et déduise de son prix d'achat, le prochain coupon à échoir ?

Les souscriptions publiques. Le système des souscriptions publiques exige, surtout quand il s'agit d'un emprunt d'Etat, une grande habileté, une non moins grande prudence. L'intérêt de l'Etat est de placer son emprunt ; l'intérêt du public est d'avoir la quantité de titres qu'il désire ; malheureusement, la plupart du temps ces **Intérêts divers à concilier.** deux intérêts sont difficiles à concilier.

Convier le public à s'intéresser à un emprunt dans la proportion qu'il désire obtenir, en échange de ses capitaux ; lui fournir l'occasion et les moyens de prendre la part qu'il veut avoir dans les emprunts d'Etat, les Sociétés et affaires industrielles ; le faire bénéficier d'une partie des bénéfices qu'aurait tout d'abord prélevée sur l'affaire une banque qui aurait acheté ou souscrit la totalité de l'émission ; démocratiser les affaires en démocra- **Utilité des souscriptions publiques.** tisant l'épargne ; employer, en matières de finances, le suffrage universel des capitaux de même qu'en politique, le suffrage universel est la loi reconnue de tous : tels sont, résumés à grands traits, les arguments que firent valoir, dès le second Empire, les nouveaux financiers qui voulaient secouer le joug de la vieille banque, de la vieille finance, de ce qu'ils appelaient : « l'aristocratie financière. »

Les faits et la réalité. Combien ces théories et ces systèmes seraient séduisants si les faits avaient répondu aux paroles et aux idées, si la réalité n'avait pas démontré que tous ces arguments tombaient d'eux-mêmes devant la pratique des choses, devant les actes !

Le suffrage universel en finances, ce serait un Etat faisant un emprunt et le voyant souscrit par tous les capitalistes, grands et petits, sans avoir à allouer un centime de commission aux intermédiaires, aux agents de change, aux banquiers.

Le suffrage universel en finances, ce serait une société trouvant à écouler ses titres dans le public sans avoir à grever son compte d'exploitation de toutes sortes de frais de commissions, courtages, bonifications !

Le suffrage universel en finances.

Le suffrage universel en finances, ce serait un emprunteur, qu'il s'appelle Etat, Société ou Etablissement financier, trouvant des prêteurs dans toutes les couches de capitalistes sans qu'il lui en coûtât plus que ce qu'il a promis dans le prospectus de son emprunt : recevoir 500 fr., par exemple, nets, pour un titre qu'on émet à 500 fr.

C'est là l'idéal, et c'est aussi l'illusion.

La réalité, c'est que les Etats, comme les Sociétés, ne peuvent, pour réussir les affaires qu'elles proposent au public, se passer de concours puissants, indispensables, qu'elles doivent rémunérer.

La réalité.

1° Les banquiers, agents de change, intermédiaires qui disposent d'une grande clientèle ;

2° La Presse, qui fait connaître au public les affaires et qui leur fournit l'appui de sa publicité.

Qu'il s'agisse de nos emprunts nationaux, d'actions ou d'obligations de valeurs industrielles, d'emprunts étrangers, il a fallu toujours rémunérer ces agents intermé-

**Les frais
des souscriptions.**

diaires que nous venons de nommer. Les souscriptions publiques, n'ont donc pas supprimé les frais, les commissions et les courtages. Une maison de banque pourrait, il est vrai, placer dans sa clientèle, sans aucun frais, sans aucune publicité, une affaire modeste ; un gouvernement connu, pourrait sans publicité, sans frais, effectuer chez lui une opération financière de peu d'importance ; mais dès qu'il s'agit d'un gros emprunt, d'une affaire constituée à un gros capital, il faut, si l'on veut réussir, recourir à tous ceux qui ont une clientèle, c'est-à-dire aux banquiers et intermédiaires, et leur donner une commission ; recourir à ceux qui, disposant de la publicité, c'est-à-dire à la presse, font connaître dans tout le pays, l'emprunt, la société, les titres de rente, les actions ou obligations que les emprunteurs offrent à leurs futurs prêteurs.

Les résultats.

Mais, de même que le système des souscriptions publiques n'a nullement fait bénéficier la masse du public des frais, des commissions et bonifications accordées aux intermédiaires, de même aussi il ne l'a pas fait bénéficier davantage de ce qu'on lui promettait, l'obtention du nombre de titres qu'il désire.

**Ce que fait le public
dans
les souscriptions.**

En effet, quand le public s'engoue d'un titre de rente ou d'une valeur quelconque, les souscriptions publiques présentent des inconvénients dont on ne pouvait se douter autrefois.

Ou bien, on demande plus de titres qu'il n'en est mis en souscription :

Ou bien, il se présente plus de souscripteurs qu'il n'y a de titres à souscrire.

Dans les deux cas, le souscripteur ne peut obtenir ce qu'il a désiré avoir. Tel qui voulait obtenir 1000 fr. de rentes en reçoit ; 100 ; tel autre qui voulait obtenir 100 fr. de rentes ne reçoit rien ou peu de chose.

On a vu, en 1871, la Ville de Paris obligée de créer des Exemples du passé. quarts d'obligations pour pouvoir remettre une fraction de titre à chacun de ses souscripteurs.

On a vu, en 1789, le Crédit Foncier obligé de vérifier les listes de demandes qui lui étaient faites ; accepter les unes, rejeter les autres ;

On a vu, en 1878, en 1881, lors des premières émissions de rentes amortissables, le gouvernement chercher les moyens, sans y réussir complètement, d'avoir ses emprunts souscrits le moins de fois possible pour éviter les ennuis d'une répartition difficile à effectuer. On l'a vu, se réserver le droit de refuser les souscriptions unitaires et les souscriptions par listes.

Ce qu'il convient de faire remarquer tout d'abord c'est que Le public joueur. le public est le premier responsable d'un tel état de choses. Le public est joueur et quand il suppose qu'un titre fera prime avant ou après l'émission, il en souscrit plus qu'il n'entend en garder, plus qu'il n'en veut, le plus qu'il peut, avec l'arrière pensée de revendre plus tard, à un voisin moins pressé et avec bénéfice, le surplus de ce qu'il aura eu réellement l'intention de conserver.

Les conséquences de ces procédés sont faciles à déduire : Les conséquences.

1° Un déclassement de titres se produit après une souscription éclatante de succès ;

2° La valeur, ainsi déclassée, baisse, après l'émission, quand avant et pendant cette opération, elle faisait une prime importante ;

3° La baisse survenant après l'émission, jette du discrédit sur l'emprunteur. Les souscripteurs sérieux, voient leurs titres fléchir, se prétendent lésés, effectuent difficilement le versements restant à effectuer, récriminent contre tout le monde, se disposent à vendre cette valeur dès qu'elle reviendra au taux d'émission.

Ce que le gouvernement peut faire. Si donc le gouvernement emploie le système des souscriptions publiques, nous croyons que tout d'abord il devra rechercher les souscriptions de la petite épargne, car plus nombreux seront les petits souscripteurs et mieux la rente sera classée.

Comment effectuer les répartitions. En indiquant nettement à l'avance comment la répartition sera effectuée, nous croyons qu'on pourra rendre à ces rentiers les souscriptions faciles, en même temps que les gros capitalistes pourront également s'intéresser largement à l'emprunt.

Nous supposons qu'on effectue un emprunt public de 1 milliard, payable en 10 versements et libérable par anticipation. Que désire l'État? Que son emprunt soit souscrit; qu'on lui paie ce milliard. Que désire le souscripteur? Obtenir les rentes qu'il demande.

Ne pourrait-on pas déclarer d'avance que les répartitions commenceront par les souscriptions dont les titres auraient été intégralement libérés en souscrivant, puis, par ceux libérés de dix termes, de neuf termes, etc. ? (1)

Autre système. Il est encore un autre système employé depuis longtemps en Angleterre, dans plusieurs états étrangers, et adopté depuis plusieurs années par quelques-uns de nos départements et de nos villes. Ce système consiste à servir les demandes en commençant par les souscripteurs qui ont offert le prix le plus élevé et en finissant par ceux qui ont offert le prix le plus bas.

Le gouvernement voudra-t-il, en prenant notre précédent exemple, emprunter 1 milliard ? Il déclarera qu'il n'acceptera pas de demandes à un prix inférieur à 80 fr. par 3 fr. de

---

(1) En 1876, au lendemain de l'emprunt de la Ville de Paris, nous indiquions ce mode de répartition que nous recommandions plus tard encore lorsque la Ville de Marseille effectua la conversion de nos emprunts. (*Voir le Rentier des 27 Juillet* 1876 *et* 17 *Mars* 1877).

rentes. Les souscriptions seront admises suivant l'offre qui aura été faite au prix le plus élevé, et la souscription sera close dès que le montant aura été atteint.

Nous avons depuis longtemps déjà préconisé ce système que la ville de Châlons-sur-Marne et le département de la Marne, grâce à l'initiative hardie et intelligente de leur administration ont été, croyons-nous, les premiers à appliquer en France. Cet exemple a, depuis, été suivi par la plupart de nos villes et de nos départements.

La ville de Châlons et le département de la Marne.

Faisons remarquer aussi, que dans les souscriptions le public désire que les premiers versements ne soient pas fixés à un taux élevé ; il n'aime pas que les versements restant à effectuer soient échelonnés sur un trop long espace de temps et veut toujours pouvoir, à toute époque et quand il lui plaît, se libérer entièrement par anticipation.

Les versements échelonnés.

Enfin, si la rente amortissable est destinée à devenir un jour le type unique de la dette, après la conversion du 5 0/0, nous devons insister encore sur certaines mesures qu'il serait utile de prendre.

Le 3 0/0 amortissable et la conversion du 5 0/0.

La principale qualité d'un fonds d'État auquel on veut assurer une large circulation est d'affecter une forme commode dans la pratique, d'être d'un usage facile pour tous, d'un chiffre nominal qui se prête aux divers calculs de banque et de change que nécessite sa négociation.

A ce point de vue nous répéterons encore que la forme actuelle est défectueuse et qu'il serait plus simple de partir du titre de 3 fr. de rentes pour un capital nominal de 100 fr. ; cela est si vrai que ce n'est pas le prix du titre de 500 fr. qui figure à la cote mais bien celui du titre de 100 fr. quoiqu'il n'existe pas.

Les coupures de 3 fr.

En ne se préoccupant même que de la diffusion du titre parmi les nationaux, il faudrait encore préférer cette division

Diffusion du titre.

en titres de 3 fr. de rentes qui représenteraient, en réalité, des *cinquièmes* d'obligations remboursables à 500 fr., ce qui n'aurait rien d'anormal, puisqu'on a vu la Ville de Paris et le Crédit Foncier émettre des cinquièmes et des dixièmes d'obligations. On sait combien a été considérable le succès de ces coupures, si recherchées par la petite épargne, si accessibles pour elle et qui, proportionnellement, sont toujours plus chères que les obligations entières. Les quarts d'obligations de la Ville se négocient à 120 fr. quand l'obligation entière est à 395 fr.

Il y a là une réforme nécessaire à accomplir, facile d'ailleurs à effectuer, et que dès la création de la rente amortissable, nous avons immédiatement demandée.

Les 5 0/0 et 3 0/0 et l'amortissable.

« La création de coupures inférieures à 15 francs de rentes, écrivions-nous le 17 février 1878, serait d'autant plus utile, d'autant plus efficace, que, **si plus tard on voulait convertir la rente 5 0/0 et même la rente 3 0/0 en titres amortissables à longue échéance,** les premières bases du Grand-Livre de la dette unique, seraient, dès à présent, posées.

Il est bien clair, que la coupure unique de 15 fr. de rentes est trop élevée, car le Ministre des Finances sait combien est considérable la quantité de petites coupures de rentes 3 et 5 0/0 inférieures à ce chiffre. En créant des coupures de 3 ou de 5 francs de rentes amortissables, on obtient donc l'avantage considérable d'intéresser à ces titres la plus petite épargne ; et, en même temps, on ménage l'avenir, **si, plus tard,** répétons-le, **on veut employer la Rente amortissable pour la conversion des Rentes perpétuelles »** (1).

(1) Les Grands Travaux publics. — Les projets du Ministre des Travaux publics ; les projets du Ministre des Finances. — Paris 1878, in-8°, chez Guillaumin et C°.

A ces observations que nous présentions, il y a cinq ans, nous n'avons absolument rien à retrancher, et elles n'ont rien perdu, croyons-nous, de leur utilité.

Conclusion.

La conversion de la rente 5 0/0 en 3 0/0 amortissable, si jamais elle s'effectue, aura de puissants partisans, étant données surtout les idées de nos législateurs sur l'amortissement et le capital nominal de la dette. La conversion de la rente 5 0/0 en 3 0/0 amortissable ferait de ce dernier fonds le type unique de nos rentes ; cette éventualité, si elle se réalisait, aurait pour conséquence le relèvement des prix de l'amortissable.

Si, au contraire, le gouvernement doit renoncer aux émissions d'amortissable parce qu'il aura reconnu que ce mode d'emprunt coûte trop cher aux contribuables et que l'amortissement effectué n'est en réalité qu'un impôt supplémentaire prélevé sur le public — tant que le budget n'est pas en excédant réel — alors, la rente amortissable sera d'autant plus recherchée que le titre, étant devenu plus rare, sera mieux classé. Dans les deux cas, on le voit, c'est encore la rente amortissable que le capitaliste qui veut avoir des fonds français en portefeuille devra acheter de préférence.

Elle est plus avantageuse à acquérir que les rentes 5 0/0 et 4 1/2 0/0, menacées de conversion, c'est-à-dire de réduction d'intérêts ; plus avantageuse que le 3 0/0 perpétuel, car elle coûte à peu près le même prix, donne le même revenu et, en plus, un remboursement assuré de 100 fr. par 3 fr. de rentes.

La rente amortissable est donc aussi avantageuse pour le public, qu'elle est, dans les circonstances présentes, et comme nous croyons l'avoir démontré, désavantageuse pour l'Etat.

Et maintenant que nous sommes au terme de cette étude et qu'il convient de formuler un jugement final sur la nature de la nouvelle rente, faut-il la condamner précisément parce qu'elle est avantageuse aux rentiers ? Assurément non. Faut-il même la condamner parce qu'elle est désavantageuse à l'Etat ? Non pas absolument. Il serait injuste, croyons-nous, de méconnaître les intentions de ceux qui l'ont créée. Un titre amortissable, créé par un Etat, paraît exclusivement propre à des emprunts destinés à alimenter des dépenses limitées, parfaitement définies et essentiellement temporaires.

Nous avons vu que, dès l'apparition du 3 0/0 amortissable on avait immédiatement prétendu en faire la base d'un vaste système financier et d'une combinaison non moins colossale, que « magnifique ».

Depuis, convaincu de la commodité extrême qu'on trouvait dans le nouveau titre, délivré de tout scrupule par cette considération qu'il était amortissable et qu'on ne chargeait point les générations futures, persuadé que rien n'était plus facile que de créer du 3 0/0 amortissable et de le faire absorber par le public, l'Etat a cru pouvoir en tirer toutes les ressources de l'avenir; si bien que ce fonds qui, à l'origine, semblait par sa nature devoir élever un obstacle à la prodigalité, a au contraire fourni des encouragements et des excitations à la dépense.

Etait-ce bien là ce qu'avaient voulu les créateurs de cette rente?

Etait-ce bien là ce qu'avait désiré un économiste aussi éminent, un ministre aussi expérimenté que M. Léon Say ? Nous ne l'avons jamais pensé. Et, tout récemment, c'est M. Léon Say, lui-même, qui a déclaré dans un langage adouci par les précautions et la courtoisie parlementaire que ses intentions avaient été trahies et ses desseins dénaturés.

Les paroles de l'ancien Ministre des Finances, au cours de la dernière discussion du budget, sont précises et formelles à cet égard.

Exposant le plan financier arrêté par lui lorsque M. de Freycinet dressait son programme de grands travaux. M. Léon Say s'exprimait ainsi :

« Le plan financier conçu à cette époque *n'a toute sa valeur que s'il doit faire face à une dépense de 5,800 millions ;* il perd une partie de sa valeur et *doit être nécessairement modifié si,* au lieu d'avoir à faire face à une dépense de cette importance, *il doit supporter une dépense supérieure.* »

Rien de plus clair.

Mais M. Léon Say a été plus explicite encore. Affirmant avec une conviction qui ne s'est point démentie que le 3 0/0 amortissable est une très heureuse création, il a voulu insister de nouveau sur les réserves que nous venons de faire ressortir.

« Je dois, disait-il au Sénat, je dois vous faire remarquer que le plan financier avait été conçu *pour une autre dépense* que celle qu'on fait en ce moment, et *lorsque les dépenses se sont développées,* lorsqu'on a été amené, par des circonstances que je n'ai pas à juger — je ne suis pas ingénieur—*lorsqu'on a été amené à augmenter considérablement les dépenses, je crois qu'on* AURAIT DU ÉTUDIER UN NOUVEAU PLAN FINANCIER et ne pas s'endormir sur l'oreiller facile de l'ajournement. »

Ainsi, nul doute n'est possible : Ministre des Finances, M. Léon Say traçait au Ministre des Travaux publics et s'imposait à lui-même une limite fixe, absolument déterminée et définie par ce chiffre précis, 5,800 millions de dépenses, réparties sur un grand nombre d'années, 10, 15 ou 20 ans.

On est donc bien au-delà du plan financier primitif, bien

au-delà des intentions et des calculs de M Léon Say, et il serait profondément injuste de faire peser sur lui la responsabilité d'entraînements et d'excès contre lesquels il s'est énergiquement élevé, à plusieurs reprises, pendant ces dernières années.

Certes, on a dépassé ses projets et ses prévisions. Mais quelles prévisions n'a-t-on pas dépassées ? Quelles limites n'a-t-on pas franchies ? Il a fallu les sévères avertissements d'une véritable crise budgétaire pour ramener les esprits à la modération, à la prudence, à l'économie. Puisse cette impression être durable !

De l'expérience qu'on a faite du 3 0/0 amortissable, il reste des enseignements graves dont il faut profiter pour l'avenir.

On doit reconnaître que c'est peu de créer une nouvelle rente ; mais qu'il faut lui assurer un sort heureux, une destinée facile ; lui donner à la fois la force d'expansion et l'espace nécessaire pour se répandre ; que tout n'est pas dit lorsque « la planche à titres » a fonctionné et que mille soins, mille précautions doivent entourer ces valeurs nouvellement nées, d'une fragilité extrême et qui, cependant, portent en elles une part de la richesse et de l'honneur d'un peuple : le crédit de la nation.

On doit reconnaître que ce n'est pas tout de déclarer qu'on amortit, qu'il faut d'abord et avant toutes choses se mettre en état d'amortir, d'organiser l'amortissement réel, amortissement qui n'est possible que le jour où toute crainte de déficit budgétaire a disparu ; où les impôts, ramenés à un taux modéré, sont supportés sans souffrance par l'industrie, par le commerce, par l'agriculture ; où l'activité générale donne des fruits assez heureux pour que le produit de ces impôts soit plus élevé que les dépenses de l'Etat ; où l'on se trouve, en un mot, en présence d'*excédents*, *vrais*, sincères, définitivement acquis et réellement *disponibles*.

Pour en arriver là, on voit qu'il y a beaucoup à faire. Administrer les deniers de la nation avec prudence ; avoir soin de mesurer à ses forces les charges qu'on lui impose ; ne pas l'entraîner prématurément dans des dépenses et des entreprises excessives ; s'inspirer de cet esprit d'épargne et d'économie grâce auquel, même après les plus redoutables catastrophes, la richesse publique s'est reconstituée en France avec une si merveilleuse rapidité : tel est le programme financier qui, poursuivi avec persévérance, rendra facile la réalisation des vastes projets de travaux publics, puisqu'ainsi le crédit de l'Etat aura promptement retrouvé sa parfaite intégrité.

Alfred NEYMARCK.

7 Janvier 1883.

FIN.

Amiens. — Imp. A. Douillet et Cⁱᵉ.